武汉市财政学校课程训练体系丛书

仓储与配送实务课程训练

王桂姣 ◎ 主编

中国财经出版传媒集团
中国财政经济出版社

图书在版编目（CIP）数据

仓储与配送实务课程训练/王桂姣主编. —北京：中国财政经济出版社，2019.1
（武汉市财政学校课程训练体系丛书）
ISBN 978 – 7 – 5095 – 8775 – 1

Ⅰ. ①仓… Ⅱ. ①王… Ⅲ. ①仓库管理 – 中等专业学校 – 习题集 – 升学参考资料 ②物资配送 – 物资管理 – 中等专业学校 – 习题集 – 升学参考资料 Ⅳ. ①F253 – 44 ②F252.14 – 44

中国版本图书馆 CIP 数据核字（2019）第 014067 号

责任编辑：樊　闽　　　　　　责任校对：黄亚青
封面设计：育林华夏

内容提要

本书是根据"仓储与配送实务"课程标准，结合 2018 年全国职业院校技能大赛现代物流综合作业的要求，以中国财政经济出版社出版的"十二五"职业教育国家规划教材《仓储与配送实务》为蓝本编写的。本书分为理论篇和实训篇，其中理论篇加入了全国物流技能大赛作业优化内容，实训篇以大赛要求为指导。力求体现"以服务为宗旨，以就业为导向"的职业教育办学方针，遵循培养高素质劳动者的目标，突出重点知识，培养理论知识扎实、实训技能娴熟的中职物流专业人才。

本书内容包括：理论篇包括认识仓储与配送，入库作业，库内作业，出库作业，配送作业；实训篇包括堆码操作，入库验收操作，液压托盘车操作，入库搬运操作，入库上架操作，移库作业操作，盘点作业操作，出库作业操作等内容。按照教材的项目任务式顺序，以项目为单位进行编写。每项目前面配有知识点及学习要求，每个任务下配有训练题，题型有单项选择题、多项选择题、判断题、识图题、连线题、填表题、计算题、操作题、应用题、实训题等，每道题还标明了难度系数，难度系数 0.9 为最简单，0.75 其次，0.6 为最难。

本书可供中等职业学校相关专业的教师和学生使用。

中国财政经济出版社 出版

URL：http://www.cfeph.cn
E – mail：cfeph@cfemg.cn

（版权所有　翻印必究）

社址：北京市海淀区阜成路甲 28 号　邮政编码：100142
营销中心电话：010 – 88191537
北京财经印刷厂印装　各地新华书店经销
787×1092 毫米　16 开　7.75 印张　184 000 字
2019 年 1 月第 1 版　2019 年 8 月北京第 2 次印刷
定价：22.00 元
ISBN 978 – 7 – 5095 – 8775 – 1
（图书出现印装问题，本社负责调换）
本社质量投诉电话：010 – 88190744
打击盗版举报热线：010 – 88191661　　QQ：2242791300

前言

本书以颁布的《仓储与配送教学标准》的要求为依据，结合2018年全国职业院校技能大赛现代物流综合作业项目（以下简称"大赛"）的要求，以中国财政经济出版社出版的"十二五"职业教育国家规划教材《仓储与配送实务》，结合中职学生的实际情况编写而成。

本书紧扣《仓储与配送实务》课程标准和大赛的要求，注重中职学生的认知规律，吸收中职物流专业教学经验；注重概念的理解、知识的直接运用、技能的训练；突出职业特色，提升用知识解决实际问题的能力。编写内容起点低、坡度缓，既符合大纲和考纲的要求，又能满足各个层次学生的需要。

本书分为理论篇和实训篇，理论篇除了训练教材内容外，增加了大赛中作业优化内容，旨在培养学生解决仓储与配送中常见问题的能力；实训篇以大赛要求为基础，结合企业实际，由易到难地培养学生仓储配送的实操技能。

本书是由武汉市财政学校的教学一线教师编写，王桂姣担任主编，参加编写的还有程明、何华洲、殷鹏程。用书学校任课老师若需要本书的答案，请以电子邮件形式向中国财政经济出版社索取（请注明学校、书名、书号），E-mail：caijingjiaocai@163.com。

本书在编写过程中得到了武汉市财政学校领导的关怀与指导以及教务科、各专业教研室的大力支持，在此一并表示感谢。

由于编者水平有限，加之编写时间仓促，书中难免有不妥之处，恳请广大读者批评指正。

编　者

2018年12月

目 录

理论篇 / 1

项目一　认识仓储与配送 （3）
知识点及学习要求 （3）
1.1　认识仓储与配送 （3）
1.2　认识仓储、配送设备与包装 （7）
1.3　储位分区与堆码技术 （15）

项目二　入库作业 （20）
知识点及学习要求 （20）
2.1　物品接运与物品编号 （21）
2.2　物品验收与交接 （25）
2.3　入库办理 （28）
2.4　仓储作业安排 （30）
2.5　入库数据统计 （32）
2.6　ABC 分类（一） （36）
2.7　ABC 分类（二） （41）
2.8　入库作业优化 （41）
2.9　入库作业小综合（一） （43）
2.10　入库作业小综合（二） （49）

项目三　库内作业 （60）
知识点及学习要求 （60）
3.1　配货作业 （60）

3.2　返品处理 …………………………………………………………（65）
　　3.3　仓储管理 …………………………………………………………（66）

项目四　出库作业 …………………………………………………………（72）
　　知识点及学习要求 ………………………………………………………（72）
　　4.1　复核与合流作业 …………………………………………………（72）
　　4.2　点货上车 …………………………………………………………（74）
　　4.3　出库数据统计 ……………………………………………………（76）
　　4.4　出库作业优化 ……………………………………………………（78）
　　4.5　出库作业小综合（一） …………………………………………（80）
　　4.6　出库作业小综合（二） …………………………………………（84）

项目五　配送作业 …………………………………………………………（91）
　　知识点及学习要求 ………………………………………………………（91）
　　5.1　配送组织与送货 …………………………………………………（91）
　　5.2　签收和收退 ………………………………………………………（95）
　　5.3　特殊品配送 ………………………………………………………（96）

实训篇／99

项目一　旋转交错式堆码操作 …………………………………………（101）
项目二　正反交错式堆码操作 …………………………………………（102）
项目三　堆码综合操作 …………………………………………………（103）
项目四　入库验收操作 …………………………………………………（104）
项目五　手动液压托盘车操作 …………………………………………（105）
项目六　入库搬运操作 …………………………………………………（106）
项目七　入库上架操作 …………………………………………………（107）
项目八　入库作业综合操作 ……………………………………………（108）
项目九　移库作业操作 …………………………………………………（109）
项目十　盘点作业操作 …………………………………………………（110）
项目十一　整托出库作业操作 …………………………………………（111）
项目十二　拆零出库作业操作 …………………………………………（113）
项目十三　箱件出库作业操作 …………………………………………（114）
项目十四　出库作业综合操作 …………………………………………（116）

理论篇

项目一　认识仓储与配送

知识点及学习要求

知识点	学习要求			
	知识要求		操作要求	
	了解	掌握	会	熟练
项目一　认识仓储与配送				
1.1　认识仓储与配送				
1.1.1　认识仓储				
1.1.1.1　仓储的含义		√		
1.1.1.2　仓储的功能		√		
1.1.2　仓储设施——仓库	√			
1.1.3　配送		√		
1.1.4　配送中心		√		
1.2　认识仓储、配送设备与包装				
1.2.1　仓储设备				√
1.2.2　装卸搬运设备				√
1.2.3　配送车辆	√			
1.2.4　包装				√
1.3　储位分区与堆码技术				
1.3.1　储位分区		√		
1.3.2　堆码的方法				√

1.1　认识仓储与配送

1.1.1　认识仓储

1.1.1.1　仓储的含义

单项选择题：

1.（难度系数0.9）仓储就是在特定的场所（　　）物品的行为。
　A. 储存　　　　　B. 运送　　　　　C. 流通　　　　　D. 加工

多项选择题：

1．（难度系数0.9）仓储中的"仓"字是指存放物品的建筑物或场地，它可以是（　　）。

　　A．房屋建筑　　　B．大型容器　　　C．洞穴　　　D．堆场

2．（难度系数0.75）仓储中的"储"字表示：（　　）。

　　A．收存货物　　　B．保管货物　　　C．交付使用　　　D．制造加工

判断题：

1．（难度系数0.9）仓储就是在特定的场所储存货物的行为。　　　　　　（　　）

1.1.1.2　仓储的功能

单项选择题：

1．（难度系数0.9）仓储管理中的一切活动，都必须以保证在库商品（　　）为中心。

　　A．快进　　　B．快出　　　C．数量　　　D．质量

2．（难度系数0.75）仓储服务水平与仓储经营成本有着（　　）的关系。

　　A．背反　　　B．比例　　　C．反比　　　D．正比

多项选择题：

1．（难度系数0.75）配送仓储注重对物品存量的控制，其主要目的是为了支持（　　）。

　　A．销售　　　B．保管　　　C．流通　　　D．加工

2．（难度系数0.9）在仓储过程中可以进行（　　）等作业。

　　A．运输整合　　　B．配送准备　　　C．流通加工　　　D．市场供给调节

3．（难度系数0.9）仓储的基本功能有（　　）。

　　A．储存和调节功能　B．保值功能　　　C．生产功能　　　D．销售功能

判断题：

1．（难度系数0.9）仓储的唯一功能是保障社会再生产的顺利进行。　　　（　　）

2．（难度系数0.9）仓储本身是由生产率的提高形成的，同时仓储的发展又促进了生产率的提高。　　　　　　　　　　　　　　　　　　　　　　　　　　（　　）

3．（难度系数0.9）仓储保障了社会再生产的顺利进行。　　　　　　　　（　　）

4．（难度系数0.9）仓储调整生产和消费的时间差别与地域差别，是维持市场稳定的"蓄水池"。　　　　　　　　　　　　　　　　　　　　　　　　　（　　）

5．（难度系数0.9）仓储的功能之一是衔接流通过程。因此，货物在仓储中不应进行整合、分类、拆除包装、重新包装、配送等处理作业。　　　　　　　（　　）

6. （难度系数0.9）物流企业客户服务的一项重要工作就是帮助客户收集货物仓储信息，为生产企业、销售企业提供有效的仓储数据及分析报告。（　　）

7. （难度系数0.75）反映货物的市场销售信息是仓储的另一个重要功能，仓储量减少，周转量减少，表明社会需求强烈；反之，则表明产品供大于求，其原因可能是产品需求减少或者表明该产品竞争力降低，或者产品生产规模不符合市场需求。（　　）

1.1.2　仓储设施——仓库

单项选择题：

1. （难度系数0.9）（　　）是指用于存放要求控制库内氧气和二氧化碳浓度的物品的仓库。
   A. 普通仓库　　　B. 气调仓库　　　C. 冷冻仓库　　　D. 特种仓库

2. （难度系数0.9）（　　）是指用于存放易燃、易爆、有毒、有腐蚀性或有辐射性的物品的仓库。
   A. 普通仓库　　　B. 气调仓库　　　C. 冷冻仓库　　　D. 特种仓库

3. （难度系数0.9）（　　）是指用于存放无特殊保管要求的物品。
   A. 普通仓库　　　B. 气调仓库　　　C. 冷冻仓库　　　D. 特种仓库

4. （难度系数0.9）（　　）是指两层楼以上的仓库，它可以减少土地占用面积。
   A. 平层仓库　　　B. 多层仓库　　　C. 立体仓库　　　D. 高架仓库

多项选择题：

1. （难度系数0.9）普通仓库是（　　）的仓库。
   A. 常温保管　　　B. 自然通风　　　C. 无特殊功能　　　D. 维持低温

2. （难度系数0.9）货场一般是用来堆放（　　）。
   A. 大宗原材料　　B. 不怕受潮的物品　C. 大批量食品　　D. 活动物

3. （难度系数0.9）仓库一般分为（　　）。
   A. 普通仓库　　　B. 冷藏、恒温仓库　C. 特种仓库　　　D. 气调仓库

判断题：

1. （难度系数0.9）立体仓库是一种单层仓库。（　　）

2. （难度系数0.9）多层仓库可以减少土地占用面积，进出库可采用机械化或半机械化。（　　）

3. （难度系数0.9）立体仓库一般是将货品堆放在地面上。（　　）

4. （难度系数0.9）立体仓库货架一般比较高，所以物品的存取需要采用与之配套的机械化、自动化设备。（　　）

1.1.3 配送

单项选择题：

1. （难度系数0.9）下列有关配送的理解中，正确的是（　　）。
   A. 配送就是送货
   B. 配送要遵循"按用户要求"，只有这样才能做到配送的合理化
   C. 配送是物流中一种特殊的、综合的活动形式，与商流是没有关系的
   D. 配送是"配"和"送"有机结合，为体现整个配送的优势，分拣、配货工作是必不可少的

2. （难度系数0.9）（　　）是配送区别于一般送货的重要标志。
   A. 备货　　　　　B. 理货　　　　　C. 送货　　　　　D. 加工

多项选择题：

1. （难度系数0.9）以下关于配送的说法正确的是（　　）。
   A. 配送是"配"和"送"的有机结合　　B. 配送是综合性的物流活动
   C. 配送作业是在物流节点完成的　　　D. 配送属于服务性的活动

判断题：

1. （难度系数0.9）经济发达地区"送"的比例大些，经济落后地区"配"的比例大些。（　　）
2. （难度系数0.9）配送几乎包括了所有的物流功能要素，一般的配送集装卸、包装、保管、运输于一身，通过这一系列活动达到将货物送达的目的。（　　）
3. （难度系数0.9）配货就是送货。（　　）

1.1.4 配送中心

单项选择题：

1. （难度系数0.9）以下哪一项不属于配送中心的基本功能（　　）。
   A. 采购功能　　　B. 储存功能　　　C. 销售功能　　　D. 集货功能

2. （难度系数0.9）流通加工功能是配送中心的（　　）。
   A. 基础功能　　　B. 核心功能　　　C. 衍生功能　　　D. 增值功能

多项选择题：

1. （难度系数0.9）配送中心应符合以下哪一条要求？（　　）
   A. 主要为特定客户或末端客户提供服务　　B. 配送功能健全

C. 辐射范围小　　　　　　　　　　D. 多品种、小批量、多批次、周期短
2.（难度系数0.9）下列属于配送中心核心功能的是（　　）。
A. 分拣功能　　　B. 理货功能　　　C. 分装配货功能　　　D. 送货功能

判断题：
1.（难度系数0.9）配送中心的送货功能是现代化的送货，是按照客户要求进行的有计划性的门到门的送货服务。　　　　　　　　　　　　　　　　　（　　）
2.（难度系数0.9）配送中心在送货时一般选择最佳送货路线。　　（　　）
3.（难度系数0.9）配送是物流在小范围内全部活动的体现。　　　（　　）

1.2　认识仓储、配送设备与包装

1.2.1　仓储设备

单项选择题：
1.（难度系数0.9）保管设备包括物流箱、（　　）和苫垫用品。
A. 托盘　　　　B. 叉车　　　　C. 磅秤　　　　D. 货架
2.（难度系数0.9）图1-1中的设备是（　　）。

图1-1

A. 托盘　　　　B. 物流箱　　　　C. 磅秤　　　　D. 货架
3.（难度系数0.9）（　　）是RF物流系统的信息核心。
A. ERP　　　　B. RF　　　　C. WMS　　　　D. MWS
4.（难度系数0.9）衡器是用来计算物品（　　）的仪器。
A. 重量　　　　B. 体积　　　　C. 长度　　　　D. 面积
5.（难度系数0.6）①一人接好枪头和水带奔向起火点。
②打开消火栓门，按下内部火警按钮（按钮是报警和启动消防泵的）。
③另一人接好水带和阀门口。
④逆时针打开阀门水喷出即可。注：电起火要确定切断电源
以上关于消防栓的使用步骤，排序正确的是（　　）。
A. ①②③④　　　B. ②①③④　　　C. ②①④③　　　D. ①③④②

6.（难度系数0.9）（　　）是一种便于携带的数据处理终端，它有操作系统、内存、CPU、显卡屏幕和键盘等。

A. 无线终端　　　　B. RFID　　　　　C. 条形码　　　　　D. 电子标签

多项选择题：

1.（难度系数0.9）下列关于货架的说法正确的是（　　）。

A. 货架的形式较多，可有单层和多层　　B. 货架的使用可以提高库容利用率

C. 货架的使用可以方便不同货物的清点　　D. 货架的使用可以提高物品储存的完整性

2.（难度系数0.9）在仓储作业的日常工作中常用到的计量设备一般有（　　）。

A. 衡器类　　　　B. 长度类　　　　C. 压力类　　　　D. 温湿度计类

3.（难度系数0.9）以下属于衡器的是（　　）。

A. 天平　　　　　B. 桌秤　　　　　C. 台秤　　　　　D. 游标卡尺

连线题：

1.（难度系数0.75）请将下列货架图片与货架名称连接起来。

　　　　横梁托盘式货架

　　　　阁楼式货架

　　　　流利式货架

　　　　悬壁式货架

实训题：

1. （难度系数 0.75）请使用干湿球湿度计读出下列情况的相对湿度（见表 1-1）。

表 1-1

序号	干球温度（℃）	湿球温度（℃）	相对湿度
1	28.5	28	
2	30	28.5	
3	35	34.6	
4	15	13.5	
5	20	19.2	

2. （难度系数 0.75）请使用卷尺测量所给货物的长、宽、高，货架层距 1.2 米，试计算堆码时最多可以堆几层，并填入表 1-2 中。

表 1-2

序号	长	宽	高	最大堆码层数
1				
2				
3				
4				
5				

1.2.2 装卸搬运设备

单项选择题：

1. （难度系数 0.9）（　　）并与托盘运输相结合，目前已成为车间、仓库、站台、货场等最常见的搬运方式。

　　A. 叉车　　　　　　B. 手推车　　　　　　C. 堆垛机　　　　　　D. 物流箱

2. （难度系数 0.9）轻巧灵活、易操作、转弯半径小，适合短距离输送较小、较轻物品的工具是（　　）。

　　A. 地牛　　　　　　B. 手推车　　　　　　C. 堆垛机　　　　　　D. 物流箱

3. （难度系数 0.9）（　　）是指具有各种叉具，能够对物品进行升降和移动以及装卸作业的搬运车辆。

　　A. 叉车　　　　　　B. 手推车　　　　　　C. 堆垛机　　　　　　D. 物流箱

4. （难度系数 0.9）物流领域最常用的、具有搬运、装卸双重功能的机械是（　　）。

　　A. 叉车　　　　　　B. 手推车　　　　　　C. 堆垛机　　　　　　D. 物流箱

5. （难度系数0.9）用于集散、堆放、搬运和运输的放置作为单元负荷和制物的水平平台装置是（　　）。

A. 集装箱　　　　　B. 周转箱　　　　　C. 托盘　　　　　D. 货架

6. （难度系数0.9）按照规定的路线连续地或间歇地运送散料物料和成件物品的搬运机械是（　　）。

A. 叉车　　　　　B. 手推车　　　　　C. 堆垛机　　　　　D. 输送机

7. （难度系数0.9）一种以间歇作业方式对物品进行起升、下降和水平移动的搬运机械是（　　）。

A. 叉车　　　　　B. 起重机械　　　　　C. 堆垛机　　　　　D. 输送机

8. （难度系数0.9）专门用来堆码或提升物品的机械是（　　）。

A. 叉车　　　　　B. 起重机械　　　　　C. 堆垛机　　　　　D. 输送机

9. （难度系数0.9）（　　）是指具有各种叉具，能够对物品进行升降和移动以及装卸作业的搬运车辆。

A. 叉车　　　　　B. 手推车　　　　　C. 堆垛机　　　　　D. 物流箱

多项选择题：

1. （难度系数0.9）装卸搬运设备包括（　　）。

A. 托盘　　　　　B. 叉车　　　　　C. 堆垛机　　　　　D. 起重机

2. （难度系数0.9）我国主要托盘规格有（　　）。

A. 1 200mm × 1 000mm　　　　　B. 800mm × 1 000mm

C. 800mm × 1 200mm　　　　　D. 1 100mm × 1 100mm

3. （难度系数0.9）以下关于托盘的说法正确的是（　　）。

A. 自重小、返空容易、装盘容易　　　　　B. 便于点数

C. 单次搬运数量增加　　　　　D. 作业效率降低

4. （难度系数0.9）以下关于输送机的说法正确的是（　　）。

A. 能够进行长距离运输，运输能力强

B. 可以在运输过程中进行其他加工工艺操作

C. 可以随意改变运输线路

D. 机械设备使用寿命长，不易损坏

5. （难度系数0.9）以下关于输送起重机械的说法正确的是（　　）。

A. 装卸功能较强　　B. 搬运功能较差　　C. 有安全保护装置　　D. 搬运功能较强

6. （难度系数0.9）以下关于堆垛机的说法正确的是（　　）。

A. 构造轻巧，能在很窄的走道内操作　　　　　B. 可以减轻堆垛工人的劳动强度

C. 堆码或提升高度较小　　　　　D. 有效增加仓库的库容利用率

7. （难度系数0.9）装卸搬运设备包括（　　）。

A. 托盘　　　　　B. 叉车　　　　　C. 堆垛机　　　　　D. 起重机

判断题：

1. （难度系数0.9）手推车一般有动力驱动装置，使用时方便省力。（ ）
2. （难度系数0.9）叉车一般不需借助其他设备，可以独立完成装卸搬运作业。（ ）
3. （难度系数0.9）手推车适合所有物品短距离的搬运。（ ）
4. （难度系数0.9）托盘只适合在仓库内使用。（ ）
5. （难度系数0.9）使用托盘进行装卸搬运可以提高作业效率，减少货差事故。（ ）
6. （难度系数0.9）输送机只能在固定的线路上进行输送，机器部件磨损较快，需专业人员随时观察输送机的运转情况。（ ）
7. （难度系数0.9）起重机械以装卸为主要功能，搬运功能较差。（ ）

1.2.3 配送车辆

单项选择题：

1. （难度系数0.9）在城市配送中，用于城市中型企业、饭店等配送物品数量较大的客户的物品或配送个人较重的物品一般用（   ）。
   A. 普通车辆　　　　B. 特种车辆　　　　C. 助力车　　　　D. 三轮车
2. （难度系数0.9）冷藏车、气罐车属于（   ）。
   A. 普通车辆　　　　B. 特种车辆　　　　C. 助力车　　　　D. 三轮车

多项选择题：

1. （难度系数0.9）城市配送的特点是（   ）。
   A. 配送的点比较多　　　　　　　B. 配送的量比较少
   C. 城市道路条件比较复杂　　　　D. 需要使用大型车辆

判断题：

1. （难度系数0.9）在城市配送车辆中，面包车属于普通车辆。（ ）
2. （难度系数0.9）冷冻物品可以采用普通车辆进行配送。（ ）

1.2.4 包装

单项选择题：

1. （难度系数0.9）下列不属于销售包装的是（   ）。

A　　　　　　　　　B　　　　　　　　　C　　　　　　　　　D

2.（难度系数0.75）图1-2包装的主要目的是（　　）。

A. 保护产品　　　　B. 方便储运　　　　C. 促进销售　　　　D. 加快运输

3.（难度系数0.9）图1-3中标志表示的意思是（　　）。

A. 不能倒置　　　　B. 禁止翻滚　　　　C. 不能堆码　　　　D. 小心轻放

4.（难度系数0.9）图1-4中标志表示的意思是（　　）。

A. 有整体爆炸危险的物质和物品　　　　B. 有整体爆炸危险的非常不敏感物质

C. 不呈现重大危险的物质和物品　　　　D. 没有爆炸危险的物品

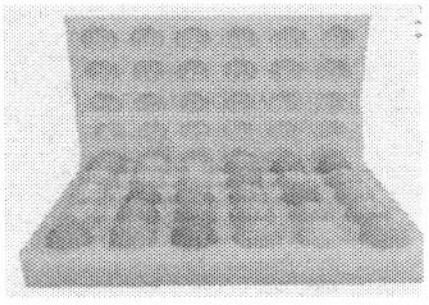

图1-2 　　　　图1-3 　　　　图1-4

多项选择题：

1.（难度系数：0.9）包装为在流通过程中（　　）按一定的技术方法所采用的容器、材料和辅助物等的总体名称；也指为达到上述目的在采用容器、材料和辅助物的过程中施加一定技术方法等的操作活动。

A. 保护产品　　　　B. 方便储运　　　　C. 促进销售　　　　D. 加快运输

2.（难度系数：0.9）包装的主要功能有（　　）。

A. 保护产品　　　　B. 方便储运　　　　C. 促进销售　　　　D. 加快运输

3.（难度系数：0.9）下列属于运输包装的是（　　）。

A 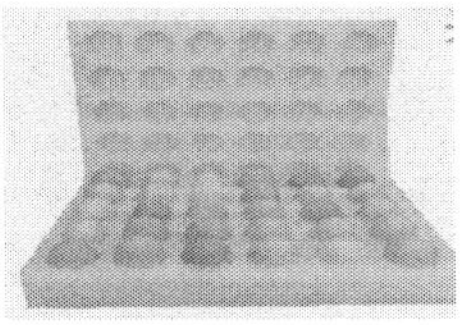　　　　B 　　　　C 　　　　D

判断题：

1.（难度系数：0.9）销售包装又称商业包装，是以促进商品销售为主要目的的包装。（　　）

2.（难度系数：0.9）运输包装又称工业包装，是以方便运输、储存和保护商品为主要目的的包装。（　　）

3.（难度系数：0.9）在进行运输包装时应对于松泡物品，如羽绒服、枕芯、棉被等进行体积压缩，从而降低物流费用。（　　）

4.（难度系数：0.9）物流中的包装是为了促进消费。（　　）

5.（难度系数：0.75）图 1-5 中的标志是最高堆码层数是 6 层。　　　　（　　）

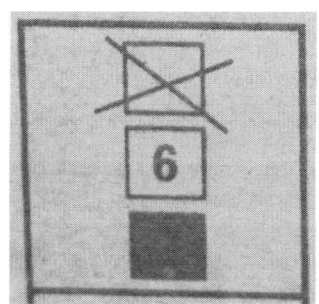

图 1-5

识图题：

1.（难度系数：0.6）请写出下列包装指示性标志的名称及含义（见表 1-3）。

表 1-3

标志	名称	含义
🍷		
⇞		
↑↑		
☀		

续表

标志	名称	含义

续表

标志	名称	含义

1.3 储位分区与堆码技术

1.3.1 储位分区

单项选择题：

1. （难度系数：0.9）客户退回的物品一般需要放置在（　　）。
  A. 进货暂存区　　　B. 拣货储区　　　C. 返品处理区　　　D. 出货暂存区

多项选择题：

1. （难度系数：0.9）合理货区布置的目的是（　　）。
   A. 提高仓库的利用率　　　　　　B. 提高货物的保管质量
   C. 方便进出库作业　　　　　　　D. 降低货物的储存成本

2. （难度系数：0.9）货区布置应遵循的基本原则有（　　）。
   A. 类别明晰原则　　B. 轻重大小原则　　C. 周转率原则　　D. 统一客户原则

3. （难度系数：0.9）轻重大小原则是指在储存货物的过程中，要注意大不压小、重不压轻、重物下置，将单位体积大、单位质量相对较重的货物存放在（　　）。
   A. 货架的底层　　B. 货架的上层　　C. 靠近出库区　　D. 靠近通道

4. （难度系数：0.9）仓库货区的空间布置的主要形式有（　　）等。
   A. 就地堆码　　B. 上货架存放　　C. 架上平台　　D. 空中悬挂

5. （难度系数：0.9）货物存入货架，可起到（　　）的作用。
   A. 防潮　　B. 防尘　　C. 防损伤　　D. 防盗
   E. 防破坏

判断题：

1. （难度系数：0.75）根据统一客户原则将同一客户的茶叶、日化产品进行统一、集中存放在同一区域，以便于进行分拣配货作业。（　　）

2. （难度系数：0.9）类别明晰原则是指应该根据货物本身的特性做好分区、分类的储存工作，将同类别或者是特性相近的货物集中存放。（　　）

3. （难度系数：0.9）利用货架存放货物是充分利用仓库空间，是提高仓库容量的途径之一。（　　）

4. （难度系数：0.9）货架各层中的货物，可随时自由存取，便于做到先进后出。
（　　）

操作题：

1. （难度系数：0.6）测绘学校东西二院仓库平面图。

1.3.2 堆码的方法

单项选择题：

1. （难度系数：0.9）清点最方便的堆码方式是（　　）。
   A. 直堆式　　　　B. 压缝式　　　　C. 栽柱式　　　　D. 交错式
2. （难度系数：0.9）便于搬运的堆码方式是（　　）。
   A. 零散堆放式　　B. 货堆堆码式　　C. 货架堆码式　　D. 托盘堆码式

多项选择题：

1. （难度系数：0.9）常用的托盘堆码方式主要有（　　）。
   A. 重叠式堆码　　　　　　　　　　B. 纵横交错式堆码
   C. 旋转交错式堆码　　　　　　　　D. 正反交错式堆码
2. （难度系数：0.9）需通风的物品的堆码一般可以采用（　　）。
   A. 通风式　　　　B. 直堆式　　　　C. 旋转交错式　　D. 衬垫式
3. （难度系数：0.9）"五距"包括（　　）。
   A. 墙距　　　　　B. 灯距　　　　　C. 柱距　　　　　D. 顶距
   E. 垛距
4. （难度系数：0.9）堆码的基本要求包括（　　）。
   A. 合理　　　　　B. 整齐　　　　　C. 牢固　　　　　D. 方便

判断题：

1. （难度系数：0.9）重叠式托盘堆码是指各层码放方式相同的堆码方式。（　　）
2. （难度系数：0.9）重叠式堆码方式的优点是层与层之间垂直重叠，稳定性佳，不易发生塌垛。（　　）
3. （难度系数：0.9）纵横交错式托盘堆码是指相邻两层货品的摆放旋转180°。（　　）
4. （难度系数：0.9）旋转交错式托盘堆码相邻两层的摆放旋转180°。（　　）
5. （难度系数：0.9）旋转交错式托盘堆码堆码难度高，中间形成空穴，提高托盘利用率。（　　）
6. （难度系数：0.9）正反交错式堆码是指同一层中不同列货品90°垂直码放，相邻两层的摆放旋转180°。（　　）
7. 旋转交错式是指同一层的每一排物品都是横竖间隔摆放，相邻两层的上下排物品之间也是横竖间隔摆放。（　　）
8. "五五化"就是每层物品的数量都是五的倍数。（　　）

操作题：

请画出以下堆码试题的堆码示意图（请画出第一层和第二层）。

1. （难度系数：0.75）现有外包装尺寸外径为：190mm×370mm×270mm 货物 45 件，请使用 1 200×1 000 规格托盘设计正确堆码方式。

2. （难度系数：0.75）现有外包装尺寸外径为：285mm×380mm×270mm 货物 36 件，请使用 1 200×1 000 规格托盘设计正确堆码方式。

3.（难度系数：0.9）现有外包装尺寸外径为：320mm×480mm×200mm 货物 24 件，请使用 1 200×1 000 规格托盘设计正确堆码方式。

4.（难度系数：0.9）现有外包装尺寸外径为：380mm×570mm×220mm 货物 16 件，请使用 1 200×1 000 规格托盘设计正确堆码方式。

项目二　入库作业

知识点及学习要求

知识点	学习要求			
	知识要求		操作要求	
	了解	掌握	会	熟练
项目二　入库作业				
2.1　物品接运与物品编号				
2.1.1　入库准备		√		
2.1.2　物品接运		√		
2.1.3　物品编号		√		
2.2　物品验收与交接				
2.2.1　物品验收		√		
2.2.2　入库交接		√		
2.3　入库办理				
2.3.1　储位分配		√		
2.3.2　物品入库		√		
2.4　仓储作业安排				√
2.5　入库数据统计				√
2.6　ABC 分类（一）				√
2.7　ABC 分类（二）				√
2.8　入库作业优化				√
2.9　入库作业小综合（一）				√
2.10　入库作业小综合（二）				√

2.1　物品接运与物品编号

2.1.1　入库准备

多项选择题：

1.（难度系数0.9）仓库管理者应定期同货主、生产厂家以及运输部门进行联系，了解将要入库物品的情况，如（　　　），做好物品入库准备工作。

　　A. 物品的种类　　　B. 物品的类别　　　C. 物品的数量　　　D. 到货时间

填表题：

1.（难度系数0.6）请填写下列入库准备工作的具体内容（见表2-1）。

表2-1

一般入库准备工作	具体工作内容
熟悉入库物品情况	
掌握仓库库场情况	
编制入库计划	
做好货位准备	
文件单证准备	
验收准备	
制定装卸搬运方案	

应用题：

1.（难度系数0.6）新学期伊始，班主任要求你为班级教材入库工作进行入库准备，请你写出入库准备计划书。

2.1.2 物品接运

单项选择题：

1. （难度系数0.9）到承运单位提货的步骤是（　　）。
   A. 安排接运→出示领货凭证→核验物品→注意物品的安全→办理内部交接
   B. 安排提货→到达承运单位并出示领货凭证→点交、核验物品→注意物品的安全→办理内部交接
   C. 做好接车准备→卸车前检查→卸车作业→卸车后清理→填写到货台账→办理内部交接
   D. 对到达车辆严格控制→做好到达物品的预检→发现问题，明晰责任

2. （难度系数0.9）库内接货的步骤是（　　）。
   A. 安排接运→出示领货凭证→核验物品→注意物品的安全→办理内部交接
   B. 安排提货→点交、核验物品→注意物品的安全→办理内部交接
   C. 做好接车准备→卸车前检查→卸车作业→卸车后清理→填写到货台账→办理内部交接
   D. 对到达车辆严格控制→做好到达物品的预检→发现问题，明晰责任

3. （难度系数0.9）到供货单位提货的步骤是（　　）。
   A. 安排提货人员，做好提货准备→点交、核对、查验所提物品→注意物品安全→到库后现场点交，办理签收手续
   B. 安排提货→点交、核验物品→注意物品的安全→办理内部交接
   C. 做好接车准备→卸车前检查→卸车作业→卸车后清理→填写到货台账→办理内部交接
   D. 对到达车辆严格控制→做好到达物品的预检→发现问题，明晰责任

4. （难度系数0.9）铁路专用线接货的步骤是（　　）。
   A. 安排接运→出示领货凭证→核验物品→注意物品的安全→办理内部交接
   B. 做好接车准备→卸车前检查→卸车作业→卸车后清理→填写到货台账→办理内部交接
   C. 安排提货人员，做好提货准备→点交、核对、查验所提物品→注意物品安全→到库后现场点交，办理签收手续
   D. 安排提货→点交、核验物品→注意物品的安全→办理内部交接

多项选择题：

1. （难度系数0.9）在接运过程中可能出现的异常情况有（　　）。
   A. 错到　　　　B. 破损　　　　C. 短少　　　　D. 变质
2. （难度系数0.9）如果在货物接运工作中发现货物短少应（　　）。

A. 数量短缺在规定范围内的，可以按实际数量入账
B. 数量短缺在规定范围内的，可以按原数量入账
C. 超过规定范围的，应查对核实，并将情况汇报给主管部门向供货单位交涉
D. 数量短缺较大的情况，可以按实际数量签收并及时通知供货方

3. （难度系数 0.9）常见的接运方式有（　　）。
A. 到承运单位提货　　B. 到供货单位提货　　C. 铁路专用线接货　　D. 库内接货

4. （难度系数 0.9）铁路专用线接货中卸车作业应做到（　　）。
A. 车号、物品品名、规格型号不混不乱
B. 不碰坏、不压伤物品
C. 保证包装及捆扎完整；做好临时下垫上盖
D. 在限定时间内卸完到货，不压车、压线

判断题：

1. （难度系数 0.9）对于无合同、无计划的到货，应拒收并及时通知货主。（　　）
2. （难度系数 0.9）数量短缺或溢余在规定范围内的，可按原数入账。（　　）
3. （难度系数 0.9）因发运方的责任，如错发、错装等导致错到，保管员在签收时应详细注明，并报仓库主管负责追查处理。（　　）
4. （难度系数 0.9）承运中因受污染、水渍等原因导致物品变质，认定责任在承运方的，保管员在签收时应索取有关记录，交货主处理。（　　）

2.1.3　物品编号

单项选择题：

1. （难度系数 0.75）某仓库对其存储螺丝、螺帽的编号是"621.882"。其中，"621"表示工业机械，"621.88"表示夹具，那么，该仓库对螺丝、螺帽编号方法采取的是（　　）。
A. 实际意义编号法　　B. 后数位编号法　　C. 暗示编号法　　D. 分段编号法

2. （难度系数 0.9）（　　）代码结构简单，容量大，便于计算机管理，在仓库管理中使用较广。
A. 分组编号法　　B. 后数位编号法　　C. 暗示编号法　　D. 分段编号法

3. （难度系数 0.9）把数字分段，让每一段数字代表共同特征的一类货物，这种编号方法是（　　）。
A. 分组编号法　　B. 后数位编号法　　C. 暗示编号法　　D. 分段编号法

4. （难度系数 0.9）某企业 350 毫升易拉罐装绿茶的编码是 064061350，其中 06 代表饮料，4 代表易拉罐，061 代表绿茶，350 代表 350 毫升，此种编码方法是（　　）。
A. 分组编号法　　B. 后数位编号法　　C. 暗示编号法　　D. 分段编号法

判断题：

1. （难度系数0.9）流水编号法编码简单，易于延伸，但是代码与所代表的项目的属性并无关联，新入库的相近物品方便插入原有排列顺序的编号内，方便管理。（　　）

2. （难度系数0.9）暗示编号法用数字、文字及其组合来编号，能暗示物品的内容和有关信息，便于记忆。（　　）

实操题：

1. （难度系数0.6）某仓库现有物品如表2-2所示，请你用适当的编码方式对其进行编码。

表2-2

货品名称	品类	单位
统一冰红茶（250ml）	饮料	瓶
可口可乐	饮料	瓶
康师傅冰红茶	饮料	瓶
农夫山泉	饮料	瓶
怡宝矿泉水	饮料	瓶
清风卷纸（新韧纯品）	日用品	卷
白猫柠檬红茶洗洁精	日用品	瓶
娃哈哈营养快线	饮料	瓶
统一绿茶	饮料	瓶
清风卷纸（原木纯品）	日用品	卷
冰露矿泉水	饮料	瓶
统一冰红茶（500ml）	饮料	瓶
百事可乐	饮料	瓶

2. （难度系数0.75）请你使用后数位编码法对《仓储与配送实务》项目一的知识点进行编码。

2.2 物品验收与交接

2.2.1 物品验收

单项选择题：

1.（难度系数 0.9）物品检验后，仓库保管员应按质量合格的实际数量填制（　　）。
   A. 物品入库验收单　　　　　　　　B. 退货申请单
   C. 储位分配单　　　　　　　　　　D. 储存卡

2.（难度系数 0.9）下列（　　）不属于包装检验的内容。
   A. 检查包装是否按合同中的具体规定　B. 包装的含水量
   C. 包装的价格　　　　　　　　　　D. 包装材料是否符合规定

3.（难度系数 0.9）下列（　　）不是在验收中对"单据与实物不符"的处理方法。
   A. 通知供应商/货主　　　　　　　　B. 改单签收
   C. 按实收签收　　　　　　　　　　D. 退单、退货

多项选择题：

1.（难度系数 0.9）入库验收作业包括（　　）程序。
   A. 验收准备　　B. 核对证件　　C. 物品检验　　D. 检验记录

2.（难度系数 0.9）物品检验包括（　　）。
   A. 核对证件　　B. 质量检验　　C. 包装检验　　D. 数量检验

3.（难度系数 0.9）下面（　　）是物品质量检验的方法。
   A. 尺寸检验　　B. 外观检验　　C. 理化检验　　D. 运行检验

4.（难度系数 0.9）在对物品入库验收中发现包装不合格，可以采取的处理方法是（　　）。
   A. 维修整理　　B. 改单签收　　C. 拒绝签收　　D. 退单、退货

5.（难度系数 0.9）在对物品入库验收中发现物品数量短缺，可以采取的处理方法是（　　）。
   A. 通知供应商/货主　　　　　　　　B. 按实收签收
   C. 拒绝签收　　　　　　　　　　　D. 退单、退货

应用题：

1.（难度系数 0.75）一供应商于 2018 年 1 月 20 日送来一车娃哈哈纯净水，送货单上数量为 600 箱，规格为 1×24（500ml），单价 0.8 元/瓶，金额为 19.2 元/箱，生产日

期是 2018 年 1 月 10 日，保质期为 12 个月，你作为某配送中心的收货员，你打算怎样验收这批货物？

2. （难度系数 0.6）旺旺食品公司于 2018 年 2 月 8 日送来一车旺旺食品，送货单上标明旺旺雪饼（6920616317580），数量 50 箱，规格 1×20 袋（500 克），单价 22 元/袋，金额 440 元/箱，生产日期 2017 年 12 月 6 日；旺旺烧米饼（6920616317483）80 箱，规格 1×20 袋（500 克），单价 32 元/袋，金额 640 元/箱，生产日期 2017 年 12 月 10 日。这两种食品的保质期都为 9 个月，在收货时，发现其中有 4 件旺旺雪饼外包装破损，3 件旺旺烧米饼外包装有水渍。

（1）请你填写物品入库验收单（见表 2-3）。

（2）请你填写物品异常报告单（见表 2-4）。

（3）你作为某配送中心的收货员打算怎样处理这批有问题的货物？

表 2-3　　　　　　　　　　物品入库验收单

编号：　　　　　　　　　　存放仓库：　　　　　　　　　　　年　　月　　日

序号	物品编码	物品名称	规格	计量单位	应收数量	实收数量	备注

仓库主管：　　　　　　　　　　复核人：　　　　　　　　　　　　　　检验员：

表 2-4　　　　　　　　　　物品异常报告单

年　　月　　日

物品编号	品名	规格	数量	异常情况

送货人：　　　　　　　　　　　　　　　　　　　　　　　　　　　　检验员：

3. （难度系数0.75）2018年2月10日上午9:30，表2-5的货品到达广州欣德尔仓储有限公司，仓管员王波负责收货，在验收过程中发现有五台货品编号为501810的美的电磁炉RT2106外包装严重受潮，仓管员王波报告仓储主管并通知货主广州苏宁电器天河店，经与供应商协商后，将外包装严重受潮的货品当场做拒收并由送货司机直接带回给供应商处理，其他货品均和《入库通知单》一致。

如果你是仓管员王波，请根据实际收货情况填写《入库单》和编制编号为THSQ2018021001的《退货申请单》（见表2-6），在送货司机带来的送货单上填写实际入库数量，并在收货人处签字确认。

表2-5

广州欣德尔仓储有限公司 入库单							
							入库单号：ZYJHDH276
仓库编号	KF003						
供应商名称	美的集团有限公司		供应商编号：	S0000968	制单时间：		2018年02月10日
入库通知单号：	ASN201802100001						
货品名称	货品编号	规格	单位	计划数量	实际数量	批次	备注
美的电磁炉FT2101	386665	348×238×407mm	台	40			

表2-6

广州欣德尔仓储有限公司 退货申请单								
								退货单号：
供应商名称：								申请日期：
货品名称	货品编号	规格	单位	退货数量	质检单号	退货原因	备注	
制单人：					仓管员：			

填表题：

1.（难度系数 0.6）请在以下物品验收差异方法表中（见表 2-7），为验收中的常见问题选择恰当的处理方法。

表 2-7

	数量溢余	数量短缺	品质不合格	包装不合格	规格不合格	单据与实物不符
通知供应商、货主						
按实收签收						
维修整理						
查询等候处理						
改单签收						
拒绝签收						
退单、退货						

2.2.2　入库交接

单项选择题：

1.（难度系数：0.9）在办理入库交接的（　　）时，要明确责任，确定收到物品的确切数量、物品表面状态良好。

　　A. 接受通知　　　　B. 接受文件　　　　C. 签署单证　　　　D. 接受物品

多项选择题：

1.（难度系数：0.9）完整的入库交接手续包括（　　）。

　　A. 接受物品　　　　B. 接受文件　　　　C. 签署单证　　　　D. 接受通知

判断题：

1.（难度系数：0.9）办理完交接手续，意味着分清验货人员和保管人员的责任。（　　）

2.（难度系数：0.9）在办理入库交接手续中，接受物品主要是接受存货人提供的入库通知单、装箱单、磅码单等。（　　）

2.3　入库办理

2.3.1　储位分配

单项选择题：

1.（难度系数 0.9）入库的流程是（　　）。

　　A. 装卸搬运→储位确定→码放→办理入库手续

B. 储位确定→装卸搬运→码放→办理入库手续

C. 办理入库手续→储位确定→装卸搬运→码放

D. 办理入库手续→装卸搬运→储位确定→码放

2. （难度系数0.9）在储位分配方法中（　　）方法易于管理，搬运次数较少。

　A. 定位储放　　　　B. 随机储放　　　　C. 分类储放　　　　D. 共同储放

3. （难度系数0.9）把保管区域分割成及格区段，在对每个区段进行编码的编码方式是（　　）。

　A. 区段式编码　　　　　　　　　B. 品项群别式编码

　C. 地址式编码　　　　　　　　　D. 随机式编码

4. （难度系数0.9）利用保管区域中的现成参考单位，依照其相关顺序来进行编码的编码方式是（　　）。

　A. 区段式编码　　　　　　　　　B. 品项群别式编码

　C. 地址式编码　　　　　　　　　D. 随机式编码

5. （难度系数0.9）四号定位是（　　）中最常见的储位编码方法。

　A. 区段式编码　　　　　　　　　B. 品项群别式编码

　C. 地址式编码　　　　　　　　　D. 随机式编码

多项选择题：

1. （难度系数0.9）以下关于物品入库时的储位选择的说法正确的是（　　）。

　A. 可以依照物品特性来储存

　B. 能够安全、高效地储存于高位的货品使用高储位

　C. 周转率高的物品应放置于远离进出货区的位置

　D. 轻型货物应储存于重型货架

2. （难度系数0.9）储位确定是在（　　）完成的基础上进行的。

　A. 装卸搬运　　　B. 物品编号　　　C. 储位编码　　　D. 物品检验

判断题：

1. （难度系数0.9）周转率高的货物尽量放置于接近出货区及位置较低的区域。

（　　）

2. （难度系数0.9）定位储放一般不会出现"空位"现象，仓库利用率较高。

（　　）

2.3.2　物品入库

单项选择题：

1. （难度系数0.9）在办理入库手续时，建立详细反映物品仓储的明细账，等级物品

入库、出库、结存的详细情况,用以记录库存物品动态和出入库过程的环节是( )。
A. 码放　　　　B. 登账　　　　C. 立卡　　　　D. 建档

多项选择题:

1. (难度系数0.9)办理入库手续包含( )三个方面。
A. 码放　　　　B. 登账　　　　C. 立卡　　　　D. 建档
2. 货卡的使用有利于准确把握物品的存量,使( )相符,便于对账和盘点。
A. 账　　　　　B. 卡　　　　　C. 货　　　　　D. 档

判断题:

1. 登账错误,不得刮擦、挖补、涂抹或用其他药水更改字迹,只需对错处注销,然后再其上方填上正确的文字或数字即可。( )
2. 在搬运工作中,可多次搬运,这样可以减轻搬运工人的劳动强度。( )

2.4 仓储作业安排

2.4.1 储位管理基本原则

单项选择题:

1. (难度系数0.9)下列不属于储位管理原则的是( )。
A. 存储空间明确　　　　　　　B. 储位分配合理
C. 车辆调度合理　　　　　　　D. 变动更新及时

多项选择题:

1. (难度系数0.9)储位管理的原则包括( )。
A. 存储空间明确　　　　　　　B. 储位分配合理
C. 储位数量合理　　　　　　　D. 变动更新及时

判断题:

1. (难度系数0.9)仓库的通道能够当成储位来使用,长期不会影响货品的进出效率。( )
2. (难度系数0.9)体积和重量大的货品应存放在货架上层。( )
3. (难度系数0.9)周转率高的货品应该尽量放在货架高层。( )
4. (难度系数0.9)周转率低的货品应尽量放在进出方便的区域。( )
5. (难度系数0.9)货品的进出种类越多,其储位的类型越少。( )

6.（难度系数 0.9）货品储位的数量要根据进出库量和库存量的大小来确定。
（　　）

7.（难度系数 0.9）货品库存量越大，其储位数量越少。（　　）

8.（难度系数 0.9）货品进出量越小，其储位数量越多。（　　）

9.（难度系数 0.9）只要货品的储存位置发生了变化，就要及时更新信息，以确保账实相符。（　　）

2.4.2 入库作业区域安排

单项选择题：

1.（难度系数 0.75）月周转率的计算公式为（　　）。

A. 月周转率 =（出库量月均值 + 入库量月均值）/（2×月均库存量）

B. 月周转率 =（月均库存量 + 出库量月均值）/（2×入库量月均值）

C. 月周转率 =（出库量月均值 + 入库量月均值）/（2×出库量月均值）

D. 月周转率 =（出库量月均值 + 入库量月均值）/月均库存量

应用题：

1.（难度系数 0.75）某仓库的平面布置如图 2-1 所示。该仓库只有一个出入口，内有 9 个库区，每个库区的存放量为 20 个托盘，存储甲、乙、丙、丁四类货品，其最近三个月的进出库数据如表 2-8 所示。请根据所示数据，以动线最短原则，设定各类货品的库存区域。

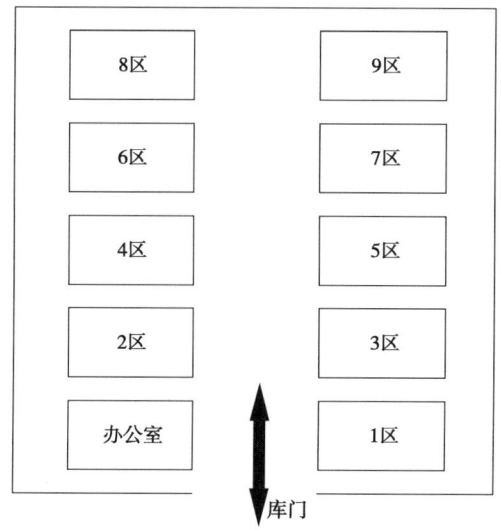

图 2-1　库区图

表 2-8 　　　　　　　　近三个月的进出库数据　　　　　　　　单位：托盘数

货品	初期库存量	第1个月			第2个月			第3个月		
		出库量	入库量	库存量	出库量	入库量	库存量	出库量	入库量	库存量
甲	38	45	43	36	27	34	43	37	35	41
乙	15	50	56	21	60	57	18	45	48	21
丙	42	26	22	38	17	26	47	28	16	35
丁	65	34	57	88	23	15	80	25	17	72

2.5　入库数据统计

应用题：

1. （难度系数0.9）有一个仓库已知12个月的入库量和出库存量（见表2-9和表2-20），试统计出全年的总入库量和总出库量。

表 2-9　　　　　　　　出入库月报表（2017年7月）

序号	商品名称	入库量（箱）	出库量（箱）
1	五月花卷筒纸	200	70
2	达利园岩层矿物质水	100	66
3	乐百氏饮用矿物质水	300	99
4	幸福时光卷筒纸	20	10
5	维达	50	104
6	康师傅纯净水	150	200
7	脉动维生素饮料	300	90
8	心相印（绿）	500	132
9	纯悦饮用矿泉水	20	9
10	心相印（蓝）	30	26

表 2-10　　　　　　　　出入库月报表（2017年8月）

序号	商品名称	入库量（箱）	出库量（箱）
1	五月花卷筒纸	100	94
2	达利园岩层矿物质水	100	42
3	乐百氏饮用矿物质水	200	98

续表

序号	商品名称	入库量（箱）	出库量（箱）
4	幸福时光卷筒纸	30	15
5	维达	300	99
6	康师傅纯净水	500	220
7	脉动维生素饮料	100	110
8	心相印（绿）	100	143
9	纯悦饮用矿泉水	20	15
10	心相印（蓝）	20	20

表2-11　　　　　　　出入库月报表（2017年9月）

序号	商品名称	入库量（箱）	出库量（箱）
1	五月花卷筒纸	50	77
2	达利园岩层矿物质水	50	40
3	乐百氏饮用矿物质水	100	90
4	幸福时光卷筒纸	30	20
5	维达	100	122
6	康师傅纯净水	300	240
7	脉动维生素饮料	100	93
8	心相印（绿）	100	159
9	纯悦饮用矿泉水	20	18
10	心相印（蓝）	20	12

表2-12　　　　　　　出入库月报表（2017年10月）

序号	商品名称	入库量（箱）	出库量（箱）
1	五月花卷筒纸	50	87
2	达利园岩层矿物质水	50	50
3	乐百氏饮用矿物质水	100	92
4	幸福时光卷筒纸	30	18
5	维达	100	87
6	康师傅纯净水	300	210
7	脉动维生素饮料	100	88
8	心相印（绿）	100	154
9	纯悦饮用矿泉水	20	16
10	心相印（蓝）	20	18

表 2-13　　　　　　　　　　出入库月报表（2017 年 11 月）

序号	商品名称	入库量（箱）	出库量（箱）
1	五月花卷筒纸	50	77
2	达利园岩层矿物质水	50	55
3	乐百氏饮用矿物质水	100	108
4	幸福时光卷筒纸	30	22
5	维达	100	90
6	康师傅纯净水	300	210
7	脉动维生素饮料	100	88
8	心相印（绿）	100	167
9	纯悦饮用矿泉水	20	21
10	心相印（蓝）	20	11

表 2-14　　　　　　　　　　出入库月报表（2017 年 12 月）

序号	商品名称	入库量（箱）	出库量（箱）
1	五月花卷筒纸	50	88
2	达利园岩层矿物质水	50	49
3	乐百氏饮用矿物质水	100	108
4	幸福时光卷筒纸	20	22
5	维达	100	95
6	康师傅纯净水	100	235
7	脉动维生素饮料	100	77
8	心相印（绿）	100	122
9	纯悦饮用矿泉水	20	19
10	心相印（蓝）	20	21

表 2-15　　　　　　　　　　出入库月报表（2018 年 1 月）

序号	商品名称	入库量（箱）	出库量（箱）
1	五月花卷筒纸	50	88
2	达利园岩层矿物质水	50	53
3	乐百氏饮用矿物质水	50	97
4	幸福时光卷筒纸	10	21
5	维达	100	97
6	康师傅纯净水	100	249
7	脉动维生素饮料	40	104
8	心相印（绿）	100	192
9	纯悦饮用矿泉水	20	18
10	心相印（蓝）	20	19

表 2-16　　　　　　　　　　　出入库月报表（2018 年 2 月）

序号	商品名称	入库量（箱）	出库量（箱）
1	五月花卷筒纸	50	99
2	达利园岩层矿物质水	50	50
3	乐百氏饮用矿物质水	50	97
4	幸福时光卷筒纸	10	17
5	维达	100	123
6	康师傅纯净水	100	205
7	脉动维生素饮料	50	100
8	心相印（绿）	100	120
9	纯悦饮用矿泉水	20	19
10	心相印（蓝）	20	21

表 2-17　　　　　　　　　　　出入库月报表（2018 年 3 月）

序号	商品名称	入库量（箱）	出库量（箱）
1	五月花卷筒纸	50	90
2	达利园岩层矿物质水	50	55
3	乐百氏饮用矿物质水	50	95
4	幸福时光卷筒纸	10	26
5	维达	10	110
6	康师傅纯净水	100	210
7	脉动维生素饮料	20	88
8	心相印（绿）	100	156
9	纯悦饮用矿泉水	20	21
10	心相印（蓝）	20	15

表 2-18　　　　　　　　　　　出入库月报表（2018 年 4 月）

序号	商品名称	入库量（箱）	出库量（箱）
1	五月花卷筒纸	50	79
2	达利园岩层矿物质水	20	45
3	乐百氏饮用矿物质水	30	101
4	幸福时光卷筒纸	30	23
5	维达	10	102
6	康师傅纯净水	300	210
7	脉动维生素饮料	30	90
8	心相印（绿）	100	165
9	纯悦饮用矿泉水	20	17
10	心相印（蓝）	20	22

表 2–19　　　　　出入库月报表（2018 年 5 月）

序号	商品名称	入库量（箱）	出库量（箱）
1	五月花卷筒纸	50	101
2	达利园岩层矿物质水	20	49
3	乐百氏饮用矿物质水	30	98
4	幸福时光卷筒纸	20	17
5	维达	20	126
6	康师傅纯净水	300	234
7	脉动维生素饮料	40	106
8	心相印（绿）	100	165
9	纯悦饮用矿泉水	20	18
10	心相印（蓝）	20	19

表 2–20　　　　　出入库月报表（2018 年 6 月）

序号	商品名称	入库量（箱）	出库量（箱）
1	五月花卷筒纸	50	88
2	达利园岩层矿物质水	20	59
3	乐百氏饮用矿物质水	50	97
4	幸福时光卷筒纸	30	21
5	维达	30	88
6	康师傅纯净水	300	220
7	脉动维生素饮料	40	98
8	心相印（绿）	100	176
9	纯悦饮用矿泉水	20	16
10	心相印（蓝）	20	15

2.6　ABC 分类（一）

应用题：

1.（难度系数0.9）有一个仓库已知 12 个月的入库量和出库存量（见表 2–21 至表 2–32），请根据近一年出入库月报表，进行全年出库汇总报表的制作，并依据出库量对货品进行 ABC 分类（按照 7∶2∶1 的原则），写出货物分类原理、计算过程和计算结果。

表 2-21　　　　　　　　　　出入库月报表（2017 年 7 月）

序号	商品名称	入库量（箱）	出库量（箱）
1	五月花卷筒纸	200	70
2	达利园岩层矿物质水	100	66
3	乐百氏饮用矿物质水	300	99
4	幸福时光卷筒纸	20	10
5	维达	50	104
6	康师傅纯净水	150	200
7	脉动维生素饮料	300	90
8	心相印（绿）	500	132
9	纯悦饮用矿泉水	20	9
10	心相印（蓝）	30	26

表 2-22　　　　　　　　　　出入库月报表（2017 年 8 月）

序号	商品名称	入库量（箱）	出库量（箱）
1	五月花卷筒纸	100	94
2	达利园岩层矿物质水	100	42
3	乐百氏饮用矿物质水	200	98
4	幸福时光卷筒纸	30	15
5	维达	300	99
6	康师傅纯净水	500	220
7	脉动维生素饮料	100	110
8	心相印（绿）	100	143
9	纯悦饮用矿泉水	20	15
10	心相印（蓝）	20	20

表 2-23　　　　　　　　　　出入库月报表（2017 年 9 月）

序号	商品名称	入库量（箱）	出库量（箱）
1	五月花卷筒纸	50	77
2	达利园岩层矿物质水	50	40
3	乐百氏饮用矿物质水	100	90
4	幸福时光卷筒纸	30	20
5	维达	100	122
6	康师傅纯净水	300	240
7	脉动维生素饮料	100	93
8	心相印（绿）	100	159
9	纯悦饮用矿泉水	20	18
10	心相印（蓝）	20	12

表 2-24　　　　　　　　　　出入库月报表（2017 年 10 月）

序号	商品名称	入库量（箱）	出库量（箱）
1	五月花卷筒纸	50	87
2	达利园岩层矿物质水	50	50
3	乐百氏饮用矿物质水	100	92
4	幸福时光卷筒纸	30	18
5	维达	100	87
6	康师傅纯净水	300	210
7	脉动维生素饮料	100	88
8	心相印（绿）	100	154
9	纯悦饮用矿泉水	20	16
10	心相印（蓝）	20	18

表 2-25　　　　　　　　　　出入库月报表（2017 年 11 月）

序号	商品名称	入库量（箱）	出库量（箱）
1	五月花卷筒纸	50	77
2	达利园岩层矿物质水	50	55
3	乐百氏饮用矿物质水	100	108
4	幸福时光卷筒纸	30	22
5	维达	100	90
6	康师傅纯净水	300	210
7	脉动维生素饮料	100	88
8	心相印（绿）	100	167
9	纯悦饮用矿泉水	20	21
10	心相印（蓝）	20	11

表 2-26　　　　　　　　　　出入库月报表（2017 年 12 月）

序号	商品名称	入库量（箱）	出库量（箱）
1	五月花卷筒纸	50	88
2	达利园岩层矿物质水	50	49
3	乐百氏饮用矿物质水	100	108
4	幸福时光卷筒纸	20	22
5	维达	100	95
6	康师傅纯净水	100	235
7	脉动维生素饮料	100	77
8	心相印（绿）	100	122
9	纯悦饮用矿泉水	20	19
10	心相印（蓝）	20	21

表 2-27　　　　　　　　　　　　出入库月报表（2018 年 1 月）

序号	商品名称	入库量（箱）	出库量（箱）
1	五月花卷筒纸	50	88
2	达利园岩层矿物质水	50	53
3	乐百氏饮用物质水	50	97
4	幸福时光卷筒纸	10	21
5	维达	100	97
6	康师傅纯净水	100	249
7	脉动维生素饮料	40	104
8	心相印（绿）	100	192
9	纯悦饮用矿泉水	20	18
10	心相印（蓝）	20	19

表 2-28　　　　　　　　　　　　出入库月报表（2018 年 2 月）

序号	商品名称	入库量（箱）	出库量（箱）
1	五月花卷筒纸	50	99
2	达利园岩层矿物质水	50	50
3	乐百氏饮用矿物质水	50	97
4	幸福时光卷筒纸	10	17
5	维达	100	123
6	康师傅纯净水	100	205
7	脉动维生素饮料	50	100
8	心相印（绿）	100	120
9	纯悦饮用矿泉水	20	19
10	心相印（蓝）	20	21

表 2-29　　　　　　　　　　　　出入库月报表（2018 年 3 月）

序号	商品名称	入库量（箱）	出库量（箱）
1	五月花卷筒纸	50	90
2	达利园岩层矿物质水	50	55
3	乐百氏饮用矿物质水	50	95
4	幸福时光卷筒纸	10	26
5	维达	10	110
6	康师傅纯净水	100	210
7	脉动维生素饮料	20	88
8	心相印（绿）	100	156
9	纯悦饮用矿泉水	20	21
10	心相印（蓝）	20	15

表 2-30　　　　　　　　　　出入库月报表（2018 年 4 月）

序号	商品名称	入库量（箱）	出库量（箱）
1	五月花卷筒纸	50	79
2	达利园岩层矿物质水	20	45
3	乐百氏饮用矿物质水	30	101
4	幸福时光卷筒纸	30	23
5	维达	10	102
6	康师傅纯净水	300	210
7	脉动维生素饮料	30	90
8	心相印（绿）	100	165
9	纯悦饮用矿泉水	20	17
10	心相印（蓝）	20	22

表 2-31　　　　　　　　　　出入库月报表（2018 年 5 月）

序号	商品名称	入库量（箱）	出库量（箱）
1	五月花卷筒纸	50	101
2	达利园岩层矿物质水	20	49
3	乐百氏饮用矿物质水	30	98
4	幸福时光卷筒纸	20	17
5	维达	20	126
6	康师傅纯净水	300	234
7	脉动维生素饮料	40	106
8	心相印（绿）	100	165
9	纯悦饮用矿泉水	20	18
10	心相印（蓝）	20	19

表 2-32　　　　　　　　　　出入库月报表（2018 年 6 月）

序号	商品名称	入库量（箱）	出库量（箱）
1	五月花卷筒纸	50	88
2	达利园岩层矿物质水	20	59
3	乐百氏饮用矿物质水	50	97
4	幸福时光卷筒纸	30	21
5	维达	30	88
6	康师傅纯净水	300	220
7	脉动维生素饮料	40	98
8	心相印（绿）	100	176
9	纯悦饮用矿泉水	20	16
10	心相印（蓝）	20	15

2.7　ABC 分类（二）

应用题：

1.（难度系数 0.75）某企业保持有 10 种商品的库存，有关资料如表 2-33 所示，为了对这些库存商品进行有效的控制和管理，该企业打算根据商品的投资大小进行分类。

（1）请您选用 ABC 分析法将这些商品分为 A、B、C 三类？

（2）给出 A 类库存物资的管理方法？

表 2-33

商品编号	单价/元	库存量/件
a	4	300
b	8	1200
c	1	290
d	2	140
e	1	270
f	2	150
g	6	40
h	2	700
i	5	50
j	3	2000

已知：

A 类：资金金额占总库存资金总额的 60%~80%，品种数目占总库存品种总数的 5%~20%；

B 类：资金金额占总库存资金总额的 10%~15%，品种数目占总库存品种总数的 20%~30%；

C 类：资金金额占总库存资金总额的 0%~15%，品种数目占总库存品种总数的 60%~70%。

2.8　入库作业优化

应用题：

1.（难度系数 0.75）长风物流公司已知一库房托盘货架区库存的货物信息如表 2-34

所示，根据近一年出入库月报表的出库量对货品进行 ABC 分类如下：A 类货物有康师傅纯净水、心相印（绿）、维达、乐百氏饮用矿物质水；B 类货物有脉动维生素饮料、五月花卷筒纸；C 类货物有达利园岩层矿物质水、幸福时光卷筒纸、心相印（蓝）、纯悦饮用矿泉水。

表 2-34

幸福时光卷筒纸 （20 箱）			乐百氏饮用矿物质水 （21 箱）
B00100	B00101	B00102	B00103
	五月花卷筒纸 （20 箱）	心相印（绿） （21 箱）	
B00000	B00001	B00002	B00003

通　道

	达利园岩层矿物质水 （30 箱）		康师傅纯净水 （20 箱）
A00100	A00101	A00102	A00103
脉动维生素饮料 （30 箱）			
A00000	A00001	A00002	A00003

【要求】

（1）移库作业：结合托盘货架区库存信息，按照 A 类货物放置于货架的底层，C 类货物放置于货架顶层，以及同类货物相邻存放的原则，根据最新的 ABC 分类结果将当前货架中储位不合理的货物重新设计货位（B 类货物尽量放在货架下层，若下层货位不足，可放置在上层）。

（2）入库作业：现有两批货物要入库如表 2-35 和表 2-36 所示，请确定入库通知单中的货品应当存放的位置。入库时请注意：破损、污损、未封箱、错误的货品需操作拒收；未组托的货物需要进行码盘作业。

表 2-35　　　　　　　　入库通知单 1

客户：北京物美商业集团股份有限公司　　入库库房：长风物流公司库房
批次号：20180703001　　　　　　　　　　预计入库时间：2018-7-3
客户指令号：20180703X010

货品条形码	货品名称	包装规格（mm）	数量	单位
6954767473673	纯悦饮用矿泉水	285×380×270	20	箱

表 2-36   入库通知单 2

客户：北京物美商业集团股份有限公司   入库库房：长风物流公司库房
批次号：20180703002   预计入库时间：2018-7-3
客户指令号：20180703X011

货品条形码	货品名称	包装规格	数量	单位
6901236373965	维达	380×570×220	15	箱
6922868289127	心相印（蓝）	480×320×200	20	箱

2.9 入库作业小综合（一）

应用题：

1. （难度系数 0.75）

★【案例背景】

北京长风物流公司是一家大型的综合物流企业，主要为客户提供安全、快捷的仓运配送服务。长风物流公司在全国拥有庞大的快运网络，依托成熟的快运平台，业务范围覆盖全国大部分地区，业务涉及国内物流和国际物流。长风物流公司在北京顺义建有一个综合仓库，业务涵盖国内及国际运输、仓储、市内配送等业务。

（1）库存信息

托盘货架区（见表 2-37）。

表 2-37

幸福时光卷筒纸 （20 箱）			乐百氏饮用矿物质水 （21 箱）
B00100	B00101	B00102	B00103
	五月花卷筒纸 （20 箱）	心相印（绿） （21 箱）	
B00000	B00001	B00002	B00003

通　　道

	达利园岩层矿物质水 （30 箱）		康师傅纯净水 （20 箱）
A00100	A00101	A00102	A00103
脉动维生素饮料 （30 箱）			
A00000	A00001	A00002	A00003

（2）客户联系人信息。

①客户基础信息（见表2-38）。

表2-38

客户名称	联系人	电话	客户地址
北京物美商业集团股份有限公司	赵铭	01053345676	北京市海淀区大钟寺路132号

②取货地址信息（见表2-39）。

表2-39

取货单位	联系人	电话	取货地址
北京物美商业集团股份有限公司	赵铭	13655238076	北京市海淀区大钟寺路132号
长风物流公司	张才人	13975238079	北京市顺义区仁和区庄头村委会南

（3）近一年月度出入库信息（见表2-40至表2-51）。

表2-40　　　　　　　出入库月报表（2017年7月）

序号	商品名称	入库量（箱）	出库量（箱）
1	五月花卷筒纸	200	70
2	达利园岩层矿物质水	100	66
3	乐百氏饮用矿物质水	300	99
4	幸福时光卷筒纸	20	10
5	维达	50	104
6	康师傅纯净水	150	200
7	脉动维生素饮料	300	90
8	心相印（绿）	500	132
9	纯悦饮用矿泉水	20	9
10	心相印（蓝）	30	26

表2-41　　　　　　　出入库月报表（2017年8月）

序号	商品名称	入库量（箱）	出库量（箱）
1	五月花卷筒纸	100	94
2	达利园岩层矿物质水	100	42
3	乐百氏饮用矿物质水	200	98
4	幸福时光卷筒纸	30	15
5	维达	300	99
6	康师傅纯净水	500	220
7	脉动维生素饮料	100	110

续表

序号	商品名称	入库量（箱）	出库量（箱）
8	心相印（绿）	100	143
9	纯悦饮用矿泉水	20	15
10	心相印（蓝）	20	20

表2-42　　　　　　　出入库月报表（2017年9月）

序号	商品名称	入库量（箱）	出库量（箱）
1	五月花卷筒纸	50	77
2	达利园岩层矿物质水	50	40
3	乐百氏饮用矿物质水	100	90
4	幸福时光卷筒纸	30	20
5	维达	100	122
6	康师傅纯净水	300	240
7	脉动维生素饮料	100	93
8	心相印（绿）	100	159
9	纯悦饮用矿泉水	20	18
10	心相印（蓝）	20	12

表2-43　　　　　　　出入库月报表（2017年10月）

序号	商品名称	入库量（箱）	出库量（箱）
1	五月花卷筒纸	50	87
2	达利园岩层矿物质水	50	50
3	乐百氏饮用矿物质水	100	92
4	幸福时光卷筒纸	30	18
5	维达	100	87
6	康师傅纯净水	300	210
7	脉动维生素饮料	100	88
8	心相印（绿）	100	154
9	纯悦饮用矿泉水	20	16
10	心相印（蓝）	20	18

表2-44　　　　　　　出入库月报表（2017年11月）

序号	商品名称	入库量（箱）	出库量（箱）
1	五月花卷筒纸	50	77
2	达利园岩层矿物质水	50	55
3	乐百氏饮用矿物质水	100	108
4	幸福时光卷筒纸	30	22

续表

序号	商品名称	入库量（箱）	出库量（箱）
5	维达	100	90
6	康师傅纯净水	300	210
7	脉动维生素饮料	100	88
8	心相印（绿）	100	167
9	纯悦饮用矿泉水	20	21
10	心相印（蓝）	20	11

表2-45　　　　　　　　出入库月报表（2017年12月）

序号	商品名称	入库量（箱）	出库量（箱）
1	五月花卷筒纸	50	88
2	达利园岩层矿物质水	50	49
3	乐百氏饮用矿物质水	100	108
4	幸福时光卷筒纸	20	22
5	维达	100	95
6	康师傅纯净水	100	235
7	脉动维生素饮料	100	77
8	心相印（绿）	100	122
9	纯悦饮用矿泉水	20	19
10	心相印（蓝）	20	21

表2-46　　　　　　　　出入库月报表（2018年1月）

序号	商品名称	入库量（箱）	出库量（箱）
1	五月花卷筒纸	50	88
2	达利园岩层矿物质水	50	53
3	乐百氏饮用矿物质水	50	97
4	幸福时光卷筒纸	10	21
5	维达	100	97
6	康师傅纯净水	100	249
7	脉动维生素饮料	40	104
8	心相印（绿）	100	192
9	纯悦饮用矿泉水	20	18
10	心相印（蓝）	20	19

表 2-47　　　　　　　　　　　出入库月报表（2018 年 2 月）

序号	商品名称	入库量（箱）	出库量（箱）
1	五月花卷筒纸	50	99
2	达利园岩层矿物质水	50	50
3	乐百氏饮用矿物质水	50	97
4	幸福时光卷筒纸	10	17
5	维达	100	123
6	康师傅纯净水	100	205
7	脉动维生素饮料	50	100
8	心相印（绿）	100	120
9	纯悦饮用矿泉水	20	19
10	心相印（蓝）	20	21

表 2-48　　　　　　　　　　　出入库月报表（2018 年 3 月）

序号	商品名称	入库量（箱）	出库量（箱）
1	五月花卷筒纸	50	90
2	达利园岩层矿物质水	50	55
3	乐百氏饮用矿物质水	50	95
4	幸福时光卷筒纸	10	26
5	维达	10	110
6	康师傅纯净水	100	210
7	脉动维生素饮料	20	88
8	心相印（绿）	100	156
9	纯悦饮用矿泉水	20	21
10	心相印（蓝）	20	15

表 2-49　　　　　　　　　　　出入库月报表（2018 年 4 月）

序号	商品名称	入库量（箱）	出库量（箱）
1	五月花卷筒纸	50	79
2	达利园岩层矿物质水	20	45
3	乐百氏饮用矿物质水	30	101
4	幸福时光卷筒纸	30	23
5	维达	10	102
6	康师傅纯净水	300	210
7	脉动维生素饮料	30	90
8	心相印（绿）	100	165
9	纯悦饮用矿泉水	20	17
10	心相印（蓝）	20	22

表 2-50　　　　　　　　　　　出入库月报表（2018 年 5 月）

序号	商品名称	入库量（箱）	出库量（箱）
1	五月花卷筒纸	50	101
2	达利园岩层矿物质水	20	49
3	乐百氏饮用矿物质水	30	98
4	幸福时光卷筒纸	20	17
5	维达	20	126
6	康师傅纯净水	300	234
7	脉动维生素饮料	40	106
8	心相印（绿）	100	165
9	纯悦饮用矿泉水	20	18
10	心相印（蓝）	20	19

表 2-51　　　　　　　　　　　出入库月报表（2018 年 6 月）

序号	商品名称	入库量（箱）	出库量（箱）
1	五月花卷筒纸	50	88
2	达利园岩层矿物质水	20	59
3	乐百氏饮用矿物质水	50	97
4	幸福时光卷筒纸	30	21
5	维达	30	88
6	康师傅纯净水	300	220
7	脉动维生素饮料	40	98
8	心相印（绿）	100	176
9	纯悦饮用矿泉水	20	16
10	心相印（蓝）	20	15

（4）物流作业计划信息。

①入库作业（见表 2-52、表 2-53）。

表 2-52　　　　　　　　　　　入库通知单 1

客户：北京物美商业集团股份有限公司　　　入库库房：长风物流公司库房
批次号：20180703001　　　　　　　　　　　预计入库时间：2018-7-3
客户指令号：20180703X010

货品条形码	货品名称	包装规格（mm）	数量	单位
6954767473673	纯悦饮用矿泉水	285×380×270	20	箱

表 2-53　　　　　　　　　　入库通知单 2

客户：北京物美商业集团股份有限公司　　入库库房：长风物流公司库房
批次号：20180703002　　　　　　　　预计入库时间：2018-7-3
客户指令号：20180703X011

货品条形码	货品名称	包装规格	数量	单位
6901236373965	维达	380×570×220	15	箱
6922868289127	心相印（蓝）	480×320×200	20	箱

注意：破损、污损、未封箱、错误的货品需操作拒收；未组托的货物需要进行码盘作业。

★【要求】进行以下作业任务优化：

(1) 请根据近一年出入库月报表，进行全年出库汇总报表的制作，并依据出库量对货品进行 ABC 分类（按照 7∶2∶1 的原则），写出货物分类原理、计算过程和计算结果。

(2) 结合托盘货架区库存信息，按照 A 类货物放置于货架的底层，C 类货物放置于货架顶层，以及同类货物相邻存放的原则，根据你的 ABC 分析结果将当前货架中储位不合理的货物重新设计货位。B 类货物尽量放在货架下层，若下层货位不足，可放置在上层。

(3) 在所有货物重新设计出位的前提下，根据你的 ABC 分析结果确定"入库通知单"中的货品应当存放的位置。B 类货物尽量放在货架下层，若下层货位不足，可放置在上层。

2.10　入库作业小综合（二）

应用题：

1．（难度系数 0.75）

★【案例背景】

上海宁海物流公司是一家大型的综合物流企业，主要为客户提供安全、快捷的物流业务服务。宁海物流公司在全国拥有庞大的物流服务网络，依托成熟的物流服务平台，业务范围覆盖全国大部分地区，业务涉及国内物流和国际物流。宁海物流公司在上海虹桥区建有一个区域物流中心，业务覆盖国内及国际运输、仓储、试配送等相关物流业务。

(1) 库存信息

①托盘货架区（见表 2-54）。

表 2-54

姚生记原香味小山核桃仁（　）箱	超能柔顺舒适洗衣液（　）箱		
C00200	C00201	C00202	C00203
益达无糖口香糖（　）箱			蓝月亮洗衣液（薰衣草香）（　）箱
C00100	C00101	C00102	C00103
	嘉士利果乐果香夹心饼干（　）箱		
C00000	C00001	C00002	C00003

通　道

立白柠檬去油洗洁精（　）箱	阿里山山核桃味葵瓜子（　）箱	威露士倍净洗衣液（　）箱	
B00200	B00201	B00202	B00203
	熊孩子冻干无花果（　）箱		
B00100	B00101	B00102	B00103
	浪奇除菌洗发液（　）箱		
B00000	B00001	B00002	B00003

②托盘和货架尺寸（见表 2-55）。

表 2-55

名称	规格要求	数量
托盘货架	横梁式 1 层 2300×800×1170mm 2 层 2300×800×1130mm 3 层 2300×800×1120mm	若干组
托盘	标准 1200×1000×130mm 木质托盘	一批

（2）近一年月度出入库信息（见表 2-56 至表 2-67）。

表 2-56　　　　　　　出入库信息月报表（2017 年 08 月）

序号	商品名称	出库量（箱）	入库量（箱）
1	姚生记原香味小山核桃仁	260	70
2	立白柠檬去油洗洁精	100	66
3	蓝月亮洗衣液（薰衣草香）	300	99
4	阿里山山核桃味葵瓜子	20	10
5	益达无糖口香糖	50	104
6	超能柔顺舒适洗衣液	150	200
7	浪奇除菌洗发液	300	90
8	嘉士利果乐果香夹心饼干	500	132
9	威露士倍净洗衣液	20	9
10	熊孩子冻干无花果	30	26

表 2-57　　　　　　　出入库信息月报表（2017 年 09 月）

序号	商品名称	出库量（箱）	入库量（箱）
1	姚生记原香味小山核桃仁	100	94
2	立白柠檬去油洗洁精	100	42
3	蓝月亮洗衣液（薰衣草香）	200	98
4	阿里山山核桃味葵瓜子	30	15
5	益达无糖口香糖	300	99
6	超能柔顺舒适洗衣液	500	220
7	浪奇除菌洗发液	100	110
8	嘉士利果乐果香夹心饼干	100	143
9	威露士倍净洗衣液	20	15
10	熊孩子冻干无花果	20	20

表 2-58　　　　　　　　　出入库信息月报表（2017 年 10 月）

序号	商品名称	出库量（箱）	入库量（箱）
1	姚生记原香味小山核桃仁	100	77
2	立白柠檬去油洗洁精	50	40
3	蓝月亮洗衣液（薰衣草香）	100	110
4	阿里山山核桃味葵瓜子	30	20
5	益达无糖口香糖	100	122
6	超能柔顺舒适洗衣液	300	240
7	浪奇除菌洗发液	100	93
8	嘉士利果乐果香夹心饼干	100	159
9	威露士倍净洗衣液	20	18
10	熊孩子冻干无花果	20	12

表 2-59　　　　　　　　　出入库信息月报表（2017 年 11 月）

序号	商品名称	出库量（箱）	入库量（箱）
1	姚生记原香味小山核桃仁	80	87
2	立白柠檬去油洗洁精	50	50
3	蓝月亮洗衣液（薰衣草香）	100	92
4	阿里山山核桃味葵瓜子	30	18
5	益达无糖口香糖	100	87
6	超能柔顺舒适洗衣液	200	210
7	浪奇除菌洗发液	100	88
8	嘉士利果乐果香夹心饼干	100	154
9	威露士倍净洗衣液	20	16
10	熊孩子冻干无花果	20	18

表 2-60　　　　　　　　　出入库信息月报表（2017 年 12 月）

序号	商品名称	出库量（箱）	入库量（箱）
1	姚生记原香味小山核桃仁	50	77
2	立白柠檬去油洗洁精	50	55
3	蓝月亮洗衣液（薰衣草香）	100	108
4	阿里山山核桃味葵瓜子	30	22
5	益达无糖口香糖	100	90
6	超能柔顺舒适洗衣液	200	210
7	浪奇除菌洗发液	100	88
8	嘉士利果乐果香夹心饼干	100	167
9	威露士倍净洗衣液	20	21
10	熊孩子冻干无花果	20	11

表2-61　　　　　　　　　　出入库信息月报表（2018年1月）

序号	商品名称	出库量（箱）	入库量（箱）
1	姚生记原香味小山核桃仁	70	88
2	立白柠檬去油洗洁精	50	49
3	蓝月亮洗衣液（薰衣草香）	100	108
4	阿里山山核桃味葵瓜子	20	22
5	益达无糖口香糖	100	95
6	超能柔顺舒适洗衣液	100	235
7	浪奇除菌洗发液	100	77
8	嘉士利果乐果香夹心饼干	100	122
9	威露士倍净洗衣液	20	19
10	熊孩子冻干无花果	20	50

表2-62　　　　　　　　　　出入库信息月报表（2018年2月）

序号	商品名称	出库量（箱）	入库量（箱）
1	姚生记原香味小山核桃仁	50	88
2	立白柠檬去油洗洁精	50	70
3	蓝月亮洗衣液（薰衣草香）	50	97
4	阿里山山核桃味葵瓜子	10	21
5	益达无糖口香糖	100	97
6	超能柔顺舒适洗衣液	200	249
7	浪奇除菌洗发液	50	104
8	嘉士利果乐果香夹心饼干	140	192
9	威露士倍净洗衣液	20	28
10	熊孩子冻干无花果	20	19

表2-63　　　　　　　　　　出入库信息月报表（2018年3月）

序号	商品名称	出库量（箱）	入库量（箱）
1	姚生记原香味小山核桃仁	90	99
2	立白柠檬去油洗洁精	50	50
3	蓝月亮洗衣液（薰衣草香）	50	97
4	阿里山山核桃味葵瓜子	10	17
5	益达无糖口香糖	100	123
6	超能柔顺舒适洗衣液	200	230
7	浪奇除菌洗发液	50	100
8	嘉士利果乐果香夹心饼干	100	120
9	威露士倍净洗衣液	20	19
10	熊孩子冻干无花果	20	21

表 2-64　　　　　　　　　出入库信息月报表（2018 年 4 月）

序号	商品名称	出库量（箱）	入库量（箱）
1	姚生记原香味小山核桃仁	60	90
2	立白柠檬去油洗洁精	50	55
3	蓝月亮洗衣液（薰衣草香）	50	95
4	阿里山山核桃味葵瓜子	10	26
5	益达无糖口香糖	50	110
6	超能柔顺舒适洗衣液	100	210
7	浪奇除菌洗发液	20	88
8	嘉士利果乐果香夹心饼干	200	156
9	威露士倍净洗衣液	20	40
10	熊孩子冻干无花果	20	15

表 2-65　　　　　　　　　出入库信息月报表（2018 年 5 月）

序号	商品名称	出库量（箱）	入库量（箱）
1	姚生记原香味小山核桃仁	50	79
2	立白柠檬去油洗洁精	20	45
3	蓝月亮洗衣液（薰衣草香）	30	101
4	阿里山山核桃味葵瓜子	30	23
5	益达无糖口香糖	60	102
6	超能柔顺舒适洗衣液	300	210
7	浪奇除菌洗发液	50	90
8	嘉士利果乐果香夹心饼干	200	165
9	威露士倍净洗衣液	20	17
10	熊孩子冻干无花果	20	50

表 2-66　　　　　　　　　出入库信息月报表（2018 年 6 月）

序号	商品名称	出库量（箱）	入库量（箱）
1	姚生记原香味小山核桃仁	57	101
2	立白柠檬去油洗洁精	20	49
3	蓝月亮洗衣液（薰衣草香）	50	98
4	阿里山山核桃味葵瓜子	20	56
5	益达无糖口香糖	80	126
6	超能柔顺舒适洗衣液	200	234
7	浪奇除菌洗发液	70	106
8	嘉士利果乐果香夹心饼干	100	165
9	威露士倍净洗衣液	20	38
10	熊孩子冻干无花果	20	29

表 2-67　　　　　　　　出入库信息月报表（2018 年 7 月）

序号	商品名称	出库量（箱）	入库量（箱）
1	姚生记原香味小山核桃仁	50	88
2	立白柠檬去油洗洁精	20	59
3	蓝月亮洗衣液（薰衣草香）	48	97
4	阿里山山核桃味葵瓜子	30	45
5	益达无糖口香糖	80	88
6	超能柔顺舒适洗衣液	200	220
7	浪奇除菌洗发液	60	98
8	嘉士利果乐果香夹心饼干	100	176
9	威露士倍净洗衣液	20	26
10	熊孩子冻干无花果	20	15

说明：前期商品库存结余量如表 2-68。

表 2-68

序号	商品名称	结余量（箱）
1	姚生记原香味小山核桃仁	50
2	立白柠檬去油洗洁精	20
3	蓝月亮洗衣液（薰衣草香）	48
4	阿里山山核桃味葵瓜子	30
5	益达无糖口香糖	80
6	超能柔顺舒适洗衣液	30
7	浪奇除菌洗发液	60
8	嘉士利果乐果香夹心饼干	100
9	威露士倍净洗衣液	20
10	熊孩子冻干无花果	20

（4）物流作业计划信息。

①入库作业（见表 2-69 至表 2-71）。

表 2-69　　　　　　　　入库通知单 1

客户：上海联华超级市场发展有限公司　　　　　　入库库房：宁海物流公司库房
批次号：20180803001　　　　　　　　　　　　　　预计入库时间：2018-08-03
联系人：王军
客户指令号：20180803X010　　　　　　　　　　　联系人：张扬

货品条形码	货品名称	包装规格（mm）	数量	单位
20180Y0010	超能柔顺舒适洗衣液	285×380×270	41	箱

表 2－70　　　　　　　　　　　入库通知单 2

客户：上海联华超级市场发展有限公司　　　　　　　　入库库房：宁海物流公司库房
批次号：20180803002　　　　　　　　　　　　　　　　预计入库时间：2018－08－03
联系人：王军
客户指令号：20180803X011　　　　　　　　　　　　　联系人：张扬

货品条形码	货品名称	包装规格（mm）	数量	单位
20180S00008	益达无糖口香糖	380×350×320	54	箱

表 2－71　　　　　　　　　　　入库通知单 3

客户：上海联华超级市场发展有限公司　　　　　　　　入库库房：宁海物流公司库房
批次号：20180803002　　　　　　　　　　　　　　　　预计入库时间：2018－08－03
客户指令号：20180803X011　　　　　　　　　　　　　联系人：王军

货品条形码	货品名称	包装规格（mm）	数量	单位
20180S00001	姚生记原香味小山核桃仁	480×320×200	26	箱

注意：破损、污损、未封箱、错误的货品需要操作拒收；未组托的货物需要进行码盘作业。

★【要求】进行以下作业任务优化：

（1）作业任务优化（提交 word 文件）

①请根据近一年出入库月报表，进行全年出库汇总报表的制作，并依据出库量对货品进行 ABC 分类（分类标准：累计所占比重（%）80＜C 类≤100　50＜B 类≤80　0＜A 类≤50）。完成下列两个表格的内容（见表 2－72、表 2－73）。

表 2－72　　　　　　　　　全年出入库年报表

序号	商品名称	入库量（箱）	出库量（箱）	库存结余
1				
2				
3				
4				
5				
6				
7				
8				
9				
10				

表 2-73   出库量 ABC 分类表

序号	品名	出库量	所占比重%	累计比重%	分类结果
1					
2					
3					
4					
5					
6					
7					
8					
9					
10					

②集合托盘货架区库存信息，按照 A 类货物放置于货架的底层，B 类货物放置于货架的中层，C 类货物放置于货架顶层，根据你的 ABC 分析结果，根据当前货架中储位的货物重新设计并确定货位。若某层货位不足，可放置在另一层。所有货物都先按货位号从小到大顺序，再按照货物的出库量百分比从大到小依次放置，同时根据全年出入库月报表，请标注出货架上每种货物的结余库存量。完成下列两个表格的内容（见表 2-74、表 2-75）。

表 2-74   库存信息图（包含货物名称和库存数量）

例如：

清扬男士洗发水
（21）箱

C00200	C00201	C00202	C00203
C00100	C00101	C00102	C00103
C00000	C00001	C00002	C00003

通　　　道

B00200	B00201	B00202	B00203
B00100	B00101	B00102	B00103
B00000	B00001	B00002	B00003

表2-75　　货位调整后货位整体图（根据ABC分类结果调整货位）

C00200	C00201	C00202	C00203
C00100	C00101	C00102	C00103
C00000	C00001	C00002	C00003

通　　　道

B00200	B00201	B00202	B00203
B00100	B00101	B00102	B00103

续表

B00000	B00001	B00002	B00003

货位调整详细说明：

③根据入库通知单，结合托盘规格和包装规格，制订组盘作业计划，完成下面的内容（见表2-76）。

表2-76　　　　　　　入库后货物库存整体情况

C00200	C00201	C00202	C00203
C00100	C00101	C00102	C00103
C00000	C00001	C00002	C00003

通　　道

B00200	B00201	B00202	B00203
B00100	B00101	B00102	B00103
B00000	B00001	B00002	B00003

项目三　库内作业

知识点及学习要求

知　识　点	学习要求			
	知识要求		操作要求	
	了解	掌握	会	熟练
项目三　库内作业				
3.1　配货作业				
3.1.1　配货作业	√			
3.1.2　补货作业		√		
3.1.3　拣货作业		√		
3.2　返品处理				
3.2.1　返品作业流程	√			
3.2.2　返品作业管理	√			
3.3　仓储管理				
3.3.1　盘点作业		√		
3.3.2　物品保管与养护	√			
3.3.3　仓储安全作业		√		

3.1　配货作业

3.1.1　配货作业

单项选择题：

1．（难度系数0.9）（　　）是有关客户和订单的资料确认、存货查询和单证处理等活动。

　　A. 订单处理　　　B. 接收单据　　　C. 分货作业　　　D. 订单录入

2. (难度系数 0.9) 在订单处理过程中，下列说法不正确的是（　　）。
A. 尽量缩短订单处理周期，提高用户的满意程度
B. 减少缺货现象
C. 紧急订单优先处理
D. 只用关注大客户，小客户可以忽略

多项选择题：

1. (难度系数 0.9) 若现有存货数量无法满足客户需求，且客户又不愿以替代品替代时，可与客户沟通进行变更，可以采用（　　）方式。
A. 重新调拨　　　B. 补交货　　　C. 延迟交货　　　D. 取消订单

判断题：

1. (难度系数 0.9) 订单处理人员应将有疑问的订单返回客户进行核实和沟通，然后将沟通结果生成新的订单。　　　　　　　　　　　　　　　　　　（　　）
2. 在进行订单处理时，应按照收到订单的先后顺序进行处理。　　　（　　）

应用题：

1. (难度系数：0.6) 某公司 2018 年 6 月 18 日收到一笔采购订单，如果你是公司的订单处理人员，你会怎样做？（公司现有库存如下）

公司拣货区现有库存如表 3-1 所示。

表 3-1

序号	货品条码	货品名称	数量	品类	安全库存	单位
1	6925220721556	统一冰红茶（250ml）	15	饮料	10	瓶
2	6928804011173	可口可乐	10	饮料	3	瓶
3	6920459905012	康师傅冰红茶	18	饮料	3	瓶
4	6921168509256	农夫山泉	6	饮料	13	瓶
5	6901285991219	怡宝矿泉水	10	饮料	3	瓶
6	6922266437359	清风卷纸（新韧纯品）	10	日用品	3	卷
7	6901894121670	白猫柠檬红茶洗洁精	18	日用品	10	瓶
8	6902083886455	娃哈哈营养快线	10	饮料	3	瓶
9	6925303721367	统一绿茶	7	饮料	0	瓶
10	6922266452154	清风卷纸（原木纯品）	9	日用品	0	卷
11	6928804013740	冰露矿泉水	12	饮料	3	瓶

采购订单（见表3-2）。

表3-2　　　　　　　　　　　采购订单

客户名称	武汉市财政学校	联系人		钱先生	
客户地址	汉阳大道	联系电话		18758963874	
序号	货品名称	单位	数量	单价	合计	备注
1	可口可乐	瓶	15	5.00	75.00	
2	清风卷纸	卷	8	5.00	40.00	
3	百事可乐	瓶	10	5.00	50.00	
	合计		33		165.00	
订货时间：2018-6-18			需求时间：2018-6-19			
收货人：钱先生			交货地点：武汉市财政学校			

3.1.2　补货作业

单项选择题：

1.（难度系数0.75）（　　）是补货员根据补货标签对拣货区货品进行数量补充、搬运的过程。

　　A. 复核工作　　　　B. 补货作业　　　　C. 流通作业　　　　D. 加工作业

2.（难度系数0.9）把每天分为几个时点，作业人员在时段内检查拣货区货架上的货品存放数量，若存货量低于设定标准时，立即补货的补货方式是（　　）。

　　A. 定时补货　　　　B. 批次补货　　　　C. 随机补货　　　　D. 循环补货

多项选择题：

1.（难度系数0.9）根据补货时机有（　　）。

　　A. 定时补货　　　　B. 批次补货　　　　C. 复合式补货　　　D. 随机补货

2.（难度系数0.9）补货作业的主要步骤包括（　　）。

　　A. 货物下架　　　　B. 货品搬运　　　　C. 补货上架　　　　D. 清点货物

3.（难度系数0.75）在补货上架的过程中我们应该注意（　　）。

　　A. 从周转区向拣货位补货时，应根据补货标签上的提示，仔细核对货品名称、条码、货位，确认无误后才向相应的拣货位上上架

　　B. 补货上架时保证一种货品对应一个拣货位，若由于特殊原因，某货品需要量大，信息中心可调整拣货位，给该货品多分拣货位，但要保证这些拣货位相邻

　　C. 能够补上拣货位的要尽量全部补到拣货位上，不能补到拣货位的货要按货品分类摆放整齐

D. 补货时应把货品整齐补放在拣货位上，如拣货位上无法补完此种货品，则应把多余货品整齐存放在每一排指定的存货区，以便拣货位上缺货时能及时补货到位，以免延误拣货效率

4.（难度系数0.9）根据补货批量不同，补货有（　　）。
A. 整托盘补货　　B. 整箱补货　　C. 零担补货　　D. 定时补货

判断题：

1.（难度系数0.9）补货作业是指将货物从仓库保管区域搬运到拣货区的作业。（　　）

2.（难度系数0.75）补货作业的目的是保证拣货区存货量始终保持在出货数量以上。（　　）

3.（难度系数0.9）按照每次补货量区分，补货方式有整箱、托盘及零担补货三种类别。（　　）

4.（难度系数0.9）按照补货周期区分，补货方式可分为批次、定时及随机补货三种类别。（　　）

5.（难度系数0.9）补货作业的发生与否主要看拣货区的货物存量是否符合需求，因此究竟何时补货要看拣货区的存量，以避免在拣货过程中才发现拣货区存量不足、需要补货，而影响整个拣货作业。（　　）

6.（难度系数0.9）将每天划分为若干个时段，补货人员在时段内检查拣货区货架上的货物存量，如果发现不足，马上予以补足，这种补货方式是批次补货。（　　）

7.（难度系数0.9）随机补货这种"不定时补足"的补货原则，较适合于每批次拣取量不大、紧急追加订货较多，以致于一天内作业量不易事先掌握的情况。（　　）

8.（难度系数0.9）定时补货这种"定时补足"的补货原则，较适合分批拣货时间固定且处理紧急追加订货的时间也固定的情况。（　　）

9.（难度系数0.9）批次补货原则比较适合于一天内作业量变化大、紧急追加订货多，或是每一批次拣取量需事先掌握的情况。（　　）

10.（难度系数0.9）在每天或每一批次拣取之前，经电脑计算所需货物的总拣取量和拣货区的货物量，计算出差额并在拣货作业开始前补足货物，这种补货方式是批次补货。（　　）

11.（难度系数0.9）指定专门的补货人员，随时巡视动管拣货区的货品存量，若低于设定标准时马上补货的补货方式是定时补货。（　　）

3.1.3 拣货作业

单项选择题：

1.（难度系数0.75）下列（　　）是分拣作业的正确流程。
A. 形成拣货资料→选择拣货方法→选择拣货路径→按照分拣单分拣→将货品运至

集货区

B. 形成拣货资料→选择拣货方法→将货品运至集货区→按照分拣单分拣→选择拣货路径

C. 形成拣货资料→按照分拣单分拣→选择拣货路径→选择拣货方法→将货品运至集货区

D. 形成拣货资料→选择拣货方法→按照分拣单分拣→选择拣货路径→将货品运至集货区

2.（难度系数0.9）（　　）是分拣人员根据拣货单将客户所需的货物进行拣选并集中放置的过程。

A. 补货　　　　　B. 拣货　　　　　C. 取货　　　　　D. 装货

多项选择题：

1.（难度系数0.9）为了提高拣货效率，应在分拣前做好的工作有（　　）。

A. 做好分拣作业前的准备工作，如编制多份分拣单，划定分拣区域

B. 确定拣货单位，按照作业量，进行拣选任务的分配

C. 划定分拣集货区域

D. 注意拣货之前的其他注意事项，如拣选时间

2.（难度系数0.9）常见的拣货方式有（　　）。

A. 摘取式　　　　B. 播种式　　　　C. 撒种式　　　　D. 挑选式

3.（难度系数0.9）下列关于拣货作业的说法正确的是（　　）。

A. 人工拣选方式主要是依靠人力和纸质单据进行拣选

B. 人工摘果式拣选要求分拣人员熟悉每一种货物的货位

C. 播种式配货系统中，每一个电子标签代表一种货物

D. 采用CAPS能实现无纸化拣货作业、降低拣货错误率、加快拣货速度

判断题：

1.（难度系数0.9）分拣作业是配送作业的中心环节，是根据客户的订货要求或配送中心的作业计划，将货物从保管处拣取出来的作业过程。（　　）

2.（难度系数0.9）分拣作业在配送作业环节中由于工作量大、工艺简单、要求作业时间短、准确度高，而且拣选成本占物流搬运成本的绝大部分，是配送业务活动中极其重要的一个环节。（　　）

3.（难度系数0.9）DPS电子拣货标签拣货由于效率较高，多用于超市、批发物流等整件拣货。（　　）

4.（难度系数0.9）电子拣货标签拣货差错率低，投资较高。（　　）

5.（难度系数0.9）电子拣货标签拣货方式有利于拣货员双手得到完全解放。

（　　）

6. （难度系数0.9）作业人员拉着集货箱在排列整齐的仓库货架间巡回走动，按照配送单上所列的品种、规格、数量等将客户所需要的货物拣出、并装入集货箱内的拣货方式是播种式拣货。   （   ）

3.2 返品处理

3.2.1 返品作业流程

单项选择题：

1. （难度系数0.9）对于错发货的情况，一般配送中心应采取（   ）来处理。
   A. 收取费用，重新发货　　　　　　B. 无条件重新发货
   C. 置之不理　　　　　　　　　　　D. 找运输公司赔偿

多项选择题：

1. （难度系数0.9）货物退货原因主要有（   ）。
   A. 协议退货　　　　　　　　　　　B. 有质量问题的退货
   C. 搬运途中损坏退货　　　　　　　D. 货物过期退回
   E. 货物送错退回

判断题：

1. （难度系数0.75）仓库管理员应无条件接受退货。   （   ）
2. （难度系数0.75）退货发生后，仓库在退货过程中产生的各种费用，货物供应商无需要承担相应货物的成本等。   （   ）
3. （难度系数0.75）退货发生时，要跟踪处理客户提出的意见，要统计退货发生的各种费用，要将退货的原因通知供应商，并退回生产地或履行销毁程序。 （   ）
4. （难度系数0.9）返品处理作业过程包括验收、整理、良品入库（拒收退）和不良品退仓四个子过程。   （   ）
5. （难度系数0.9）仓库管理员发现不符合退货条件的货品，管理员应将其入库。
                                                （   ）

3.2.2 返品作业管理

单项选择题：

1. （难度系数0.9）某配送中心，由于分拣员的失误将可口可乐，分拣为百事可乐，此种情况配送中心应（   ）。
   A. 无条件退回并重送货　　　　　　B. 运输单位赔偿

C. 收取费用重新发货　　　　　　　D. 恳求客户用百事可乐代替可口可乐

多项选择题：

1. （难度系数 0.9）根据不同的情况，退货的处理办法一般有（　　）。
   A. 无条件重送货　　　　　　　　B. 运输单位赔偿
   C. 收取费用重新发货　　　　　　D. 重新发货或替代

判断题：

1. （难度系数 0.9）出现返品对于一个配送中心来说，是有利可图的。　（　　）
2. （难度系数 0.9）对于发错货的情况，配送中心应无条件重新发货。　（　　）
3. （难度系数 0.9）良品退货需按归属区域分别堆放，不良品退货需按供应商分别堆放。　（　　）

3.3　仓储管理

3.3.1　盘点作业

单项选择题：

1. （难度系数 0.9）（　　）是衡量配送中心经营管理状况好坏的最重要的尺度。
   A. 加工作业　　B. 盘点作业　　C. 调度作业　　D. 分拣作业
2. （难度系数 0.9）通过盘点，可以查清库存商品的（　　）数量。
   A. 账面　　　　B. 实际　　　　C. 虚拟　　　　D. 拥有
3. （难度系数 0.9）（　　）是对储存物品进行点数和核对的活动。也就是说，对所保管的货物进行实物清点，并核对货、账的作业。
   A. 盘点　　　　B. 清理　　　　C. 整理　　　　D. 点数
4. （难度系数 0.9）对货物在固定时间内盘点，一般在一个周期期末进行的盘点方式是（　　）。
   A. 循环盘点　　　　　　　　　　B. 定期盘点
   C. 随机盘点　　　　　　　　　　D. 不定期盘点
5. （难度系数 0.9）盘点作业的流程是（　　）。
   A. 盘点前准备→初盘→复盘→盘点报告→盘点差异处理
   B. 盘点前准备→初盘→复盘→盘点差异处理→盘点报告
   C. 初盘→盘点前准备→复盘→盘点报告→盘点差异处理
   D. 盘点前准备→初盘→盘点差异处理→复盘→盘点报告

多项选择题：

1. （难度系数0.9）盘点是仓储货物管理的重要内容，盘点绝不仅仅是点数，它实际上是另一种形式的检查确认，其作用有（　　）。
   A. 督促作用　　　B. 检查作用　　　C. 确认作用　　　D. 订货依据
   E. 衡量效率

2. 盘点的内容包括（　　）。
   A. 查货物数量　　　　　　　　　B. 查货物质量
   C. 查货物保管条件　　　　　　　D. 查货物库房安全
   E. 查操作设备

3. （难度系数0.9）按盘点时间分类盘点的方式有（　　）。
   A. 定期盘点　　B. 不定期盘点　　C. 循环盘点　　D. 人工盘点

4. （难度系数0.9）为了准确地掌握仓库货品的实际库存数量而进行的盘点，可以达到（　　）的目的。
   A. 确定现存量　　　　　　　　　B. 确认企业损益
   C. 核实商品管理成效　　　　　　D. 检查保管员责任心

判断题：

1. （难度系数0.9）盘点是指在规定的时间内，仓库保管员对所保管的货物账目进行查验，对所保管的货物进行实物清点，并核对货、账的作业。（　　）

2. （难度系数0.9）封闭式盘点是指在盘点期间仓库与外界处于局部隔离的情况下进行的盘点。（　　）

3. （难度系数0.9）半封闭式盘点是指在盘点期间仓库与外界处于隔离的情况下进行的盘点。（　　）

4. （难度系数0.9）盘点工作完成以后，所发生的差错、呆滞、变质、盘亏、损耗等结果，应予以迅速处理，并防止以后再发生。（　　）

5. （难度系数0.9）对废次品、不良品减价的部分，应视为盘亏。（　　）

6. （难度系数0.9）货物除了盘点时产生数量的盘亏外，有些货物在价格上会产生增减，这些差异经主管部门审核后，必须利用货物盘点盈亏及价格增减更正表修改。（　　）

7. （难度系数0.9）通过盘点，了解货物的实际情况，可以检查货物保管人员是否认真负责地工作，以达到督促的作用。（　　）

3.3.2　物品保管与养护

单项选择题：

1. （难度系数0.9）大自然里，一天中湿度最低的时间一般是（　　）。
   A. 日出前　　　　　　　　　　　B. 上午10时左右

C. 下午2时左右　　　　　　　　　D. 日落后

2.（难度系数0.9）（　　）是调节库内温湿度的简便易行的有效方法。

A. 加湿　　　　B. 加温　　　　C. 密封　　　　D. 通风

3.（难度系数0.75）既能起到降温、降潮和升温的作用，又可排除库内的污浊空气的方法是（　　）。

A. 通风　　　　B. 防虫　　　　C. 密封　　　　D. 除湿

4.（难度系数0.9）在货品储存的诸多因素中，其中最为重要的是（　　）。

A. 温度湿度　　B. 空气　　　　C. 日光　　　　D. 尘土

5.（难度系数0.9）从气温变化的规律分析，一般在夏季降低库房内温度的适宜时间是（　　）。

A. 上午10点到下午6点　　　　B. 夜间10点钟以后到次日晨6点钟

C. 清晨6点到下午3点　　　　　D. 下午3点到夜间12点

6.（难度系数0.9）下列不属于仓库内温度湿度控制方法的是（　　）。

A. 密封　　　　B. 通风　　　　C. 吸潮　　　　D. 光照

多项选择题：

1.（难度系数0.9）货物的保管养护就是根据货物在储存期间的质量变化规律，针对货物的不同特性，创造一个适宜货物储存的环境，控制外界因素的影响，达到（　　）的目的。

A. 防止或减弱货物的质量变化　　　B. 降低货物损耗

C. 防止货物损失　　　　　　　　　D. 增加货物数量

2.（难度系数0.9）货物储存期间导致其质量变化的因素有（　　）。

A. 货物本身的自然属性　　　　　　B. 货物的储存环境

C. 市场的变化　　　　　　　　　　D. 价格的变化

3.（难度系数0.9）影响库存商品发生变化的因素有（　　）。

A. 霉变　　　　B. 虫蛀　　　　C. 锈蚀　　　　D. 老化

4.（难度系数0.9）货物保管应遵循的原则有（　　）。

A. 质量第一　　B. 预防为主　　C. 讲究科学　　D. 提高效率

5.（难度系数0.9）仓库温、湿度的控制与调节作业有（　　）。

A. 通风　　　　B. 密封　　　　C. 除湿　　　　D. 加温

6.（难度系数0.9）仓库防治虫、鼠、蚁作业中，防虫作业主要从（　　）方面着手。

A. 杜绝害虫的来源　　　　　　　　B. 改变害虫的生存环境

C. 提高货物的抵御能力　　　　　　D. 直接杀灭害虫

7.（难度系数0.9）防鼠常采取（　　）等方法。

A. 切断鼠路　　　　　　　　　　　B. 堵塞鼠洞

C. 断绝水源食源　　　　　　　　　D. 减少可以使它隐蔽的场所

8. （难度系数 0.75）影响白蚁生存的环境条件包括（   ）等。
A. 气温　　　　　B. 水分　　　　　C. 食料　　　　　D. 巢穴
9. （难度系数 0.9）下列货物中（   ）属于易霉腐货物。
A. 鱼肉　　　　　B. 皮革　　　　　C. 中药材　　　　D. 丝绸
10. （难度系数 0.9）仓库内虫害的防治，要做好（   ）工作。
A. 加强货物的入库验收，仔细检查入库货物及外包装
B. 做好日常清洁工作，加强库内器皿的消毒工作
C. 必要时，定期使用药物进行杀虫
D. 可以任其发展

判断题：
1. （难度系数 0.9）保管是指在货物储存过程中，对货物进行储存及对其数量、质量进行管理控制的活动。（   ）
2. （难度系数 0.75）货物储存期间导致其质量变化的因素有两个：第一个因素是货物本身的自然属性（外因），第二个因素是货物的储存环境（内因）。（   ）
3. （难度系数 0.9）库内温度的变化，一般是库内变化落后于库外，夜间库内温度比库外低，白天库外温度比库内高。（   ）
4. （难度系数 0.9）自然大气中，日出前湿度最低，午后 2 时湿度最高。（   ）
5. （难度系数 0.9）仓库内一般不会出现虫害，所以不需要防治。（   ）

3.3.3　仓储安全作业

单项选择题：
1. （难度系数 0.9）（   ）不属于易燃货物。
A. 纸张　　　　　B. 纯净水　　　　C. 火柴　　　　　D. 汽油
2. （难度系数 0.9）凡在常温下以液体状态存在，遇火容易引起燃烧，其闪点在 45℃以下的物质叫（   ）。
A. 易燃固体　　　B. 易燃气体　　　C. 易燃液体　　　D. 自燃货物
3. （难度系数 0.9）遇水或受潮时，发生剧烈化学反应，放出大量易燃气体和热量的货物是（   ）。
A. 易燃固体　　　B. 易燃气体　　　C. 易燃液体　　　D. 遇湿易燃货物

多项选择题：
1. （难度系数 0.9）危险品是（   ）等货物的总称。
A. 易燃　　　　　B. 易爆　　　　　C. 有毒　　　　　D. 腐蚀性
E. 放射性

2.（难度系数0.9）下列物品中，属于危险品的是（　　）。
   A. 炸药　　　　　B. 强碱　　　　　C. 鞭炮　　　　　D. 洗发水

3.（难度系数0.9）化学货物的堆垛要做到不超高、不超宽、"五留距"，"五留距"是指留（　　）。
   A. 墙距　　　　　B. 柱距　　　　　C. 顶距　　　　　D. 灯距
   E. 垛距

4.（难度系数0.9）一切易爆货物严禁与（　　）等混储。
   A. 氧化剂　　　　　　　　　　　B. 自燃货物
   C. 酸、碱、盐类　　　　　　　　D. 易燃可燃物

5.（难度系数0.9）爆炸品储存应贯彻"五双管理制度"，即（　　）。
   A. 双人验收　　　　　　　　　　B. 双人保管
   C. 双人发货　　　　　　　　　　D. 双本账
   E. 双把锁

6.（难度系数0.9）有毒货物的主要特性包括（　　）。
   A. 溶解性　　　　B. 挥发性　　　　C. 分散性　　　　D. 稀有性

7.（难度系数0.9）发生燃烧的条件有（　　）。
   A. 可燃物质　　　B. 助燃物质　　　C. 着火源　　　　D. 二氧化碳

8.（难度系数0.9）下列对于危险品的储存环境要求说法正确的是（　　）。
   A. 爆炸性物品应严格控制温度、湿度、光照，室内温度应不高于30℃，不低于零下10℃
   B. 毒害物品必须密严包装，选择干燥且通风状况良好的仓库，并与其他货物分开储存
   C. 腐蚀性物品应根据它们的性质，严格控制温湿度，并注意酸性、碱性腐蚀性物品应分库存放
   D. 储存放射性物品，应建特型库，不应在一般仓库储存，库房建筑应用混凝土结构，墙壁厚度不少于50cm

判断题：

1.（难度系数0.9）不同易爆货物所需的起爆能不同，起爆能越大，敏感度越高。
（　　）

2.（难度系数0.9）装卸和搬运易爆货物时，必须轻装轻卸，严禁摔、滚、翻、抛以及拖、拉、摩擦、撞击，以防引起爆炸。
（　　）

3.（难度系数0.9）有毒货物事故急救现场，一方面要防止受伤者烧伤和中毒程度的加深，另一方面又要使受伤者维持呼吸。
（　　）

4.（难度系数0.9）对化学性皮肤烧伤者，新鲜创面上可以涂抹油膏或红药水、紫药水，不要用未经消毒的布包裹。
（　　）

5. （难度系数0.9）对化学性眼烧伤者，应在现场迅速用流动的清水进行冲洗，冲洗时将眼皮翻开，把裹在眼皮内的化学品彻底冲洗干净。（   ）

6. （难度系数0.9）为了方便仓库内工作的员工，可以在仓库中使用明火做饭。（   ）

7. （难度系数0.9）在仓库的明显位置应设置"严禁明火""禁止吸烟"等防火标志。（   ）

8. （难度系数0.9）吸潮剂的种类很多，常用的有生石灰、氯化钙、硅胶。（   ）

项目四　出库作业

知识点及学习要求

知识点	学习要求			
	知识要求		操作要求	
	了解	掌握	会	熟练
项目四　出库作业				
4.1　复核与合流作业				
4.1.1　复核方法		√		
4.1.2　复核作业流程	√			
4.1.3　合流作业流程	√			
4.2　点货上车				
4.2.1　点货作业	√			
4.2.2　上车作业	√			
4.3　出库数据统计				√
4.4　出库作业优化				√
4.5　出库作业小综合（一）				√
4.6　出库作业小综合（二）				√

4.1　复核与合流作业

4.1.1　复核方法

单项选择题：

1.（难度系数0.9）（　　）是工作人员根据复核单据，对各客户的货品进行查对，确认货品的数量、名称等信息与复核单据上的信息是否一致，包装是否完好的作业。

　　A. 入库作业　　　　B. 合流作业　　　　C. 复核作业　　　　D. 盘点作业

2. （难度系数0.9）系统复核中复核员借助（　　）设备，将系统内信息与实际拣选货品信息进行比对的检验过程。
   A. 无线射频终端　　B. 磅秤　　　　　C. 卷尺　　　　　D. 复核单
3. （难度系数0.9）系统复核作业主要针对（　　）进行复核。
   A. 整件货品　　　　B. 零散货品　　　C. 托盘货品　　　D. 液态货品
4. （难度系数0.9）人工复核作业主要针对（　　）进行复核。
   A. 气态货品　　　　B. 零散货品　　　C. 整件货品　　　D. 液态货品

多项选择题：

1. （难度系数0.9）复核的内容可归纳为（　　）。
   A. 一检　　　　　　B. 一核　　　　　C. 一查　　　　　D. 一筛
2. （难度系数0.9）复核作业可以分为（　　）等。
   A. 机械复核　　　　B. 人工复核　　　C. 系统复核　　　D. 自动复核
3. （难度系数0.9）对于整件出货的货品，复核员要清点（　　）。
   A. 出货件数是否正确　　　　　　　B. 检查货品外包装是否完好
   C. 标签粘贴是否正确　　　　　　　D. 出货重量是否达标
4. （难度系数0.9）对于零散出货的货品，复核员应先按客户清点物流箱数是否正确，然后随机抽取一定数量的物流箱，清点物流箱内货品（　　）等信息是否正确。
   A. 种类　　　　　　B. 名称　　　　　C. 数量　　　　　D. 包装

判断题：

1. （难度系数0.9）"一检"是检查货物包装外观是否完好。（　　）
2. （难度系数0.9）"一核"是核对复核单据上所列货物的名称、规格、数量等信息是否与货品相符。（　　）
3. （难度系数0.9）人工复核是指复核员利用检测工具进行货品数量和质量检验的过程。（　　）
4. （难度系数0.9）系统复核是复核员借助无线射频终端设备，将系统内信息与实际拣选货品信息进行比对的检验过程。（　　）
5. 复核作业无关紧要，在实际操作中可要可不要。（　　）

4.1.2　复核作业流程

单项选择题：

1. （难度系数0.9）人工复核作业流程顺序为（　　）。
   A. 领取复核单据→核对拣货单→清点货品→拣货异常处理
   B. 领取复核单据→拣货异常处理→核对拣货单→清点货品

C. 核对拣货单→清点货品→领取复核单据→拣货异常处理
D. 清点货品→领取复核单据→拣货异常处理→核对拣货单
2. （难度系数0.9）系统复核的流程为（　　）。
A. 领取复核单→审核复核单→RF 清点货品→签名确认
B. 领取复核单据→拣货异常处理→核对拣货单→清点货品
C. 核对拣货单→清点货品→领取复核单据→拣货异常处理
D. 清点货品→领取复核单据→拣货异常处理→核对拣货单

判断题：

1. （难度系数0.9）复核员发现数量或质量存在差异时，通知信息员和拣货员处理差异，否则不允许出货。　　　　　　　　　　　　　　　　　　　（　　）
2. （难度系数0.9）复核员发现数量或质量存在差异时，通知进货验收员处理差异，否则不允许出货。　　　　　　　　　　　　　　　　　　　　（　　）

4.1.3　合流作业流程

单项选择题：

1. （难度系数0.9）在货品上贴客户标签，并依据客户将所有货品进行汇总，然后将汇总货品搬运至指定待出货区，以便于出货员点货装车的过程称为（　　）。
A. 入库作业　　　B. 合流作业　　　C. 复核作业　　　D. 盘点作业
2. （难度系数0.9）合流作业的流程是（　　）。
A. 贴标签→搬运至制定待出区域→合流→完成合流作业
B. 合流→搬运至制定待出区域→贴标签→完成合流作业
C. 贴标签→合流→搬运至制定待出区域→完成合流作业
D. 搬运至制定待出区域→贴标签→合流→完成合流作业

判断题：

1. （难度系数0.9）复核作业完成后，在货品上贴客户标签，并依据客户将所有货品进行汇总，然后将汇总货品搬运至指定待出货区，这个过程称为补货作业。（　　）

4.2　点货上车

4.2.1　点货作业

单项选择题：

1. （难度系数0.9）根据出库凭证和配送员提供的装车单进行清点、核对数量的作业活动被称为（　　）。

　　A. 合流作业　　　　B. 复核作业　　　　C. 上车作业　　　　D. 点货作业

2.（难度系数 0.9）点货作业的目的是（　　）。

　　A. 确保配送给客户的货品名称和数量等正确

　　B. 查找分拣员的错误

　　C. 节约成本

　　D. 增加就业岗位

3.（难度系数 0.9）点货上车时点货作业流程顺序为（　　）。

　　A. 领取出货凭证→核对装车单→签名确认→清点货品

　　B. 核对装车单→清点货品→签名确认→领取出货凭证

　　C. 领取出货凭证→核对装车单→清点货品→签名确认

　　D. 清点货品→签名确认→领取出货凭证→核对装车单

4.（难度系数 0.9）为避免装错货品，来回搬运造成不必要的资源浪费而进行的作业是（　　）。

　　A. 复核作业　　　　B. 合流作业　　　　C. 点货作业　　　　D. 上车作业

多项选择题：

1.（难度系数 0.9）点货作业强调对出库货品（　　）的确认。

　　A. 名称　　　　　　B. 金额　　　　　　C. 数量　　　　　　D. 重量

判断题：

1.（难度系数 0.9）点货作业是根据出库凭证和配送员提供的装车单进行清点、核对数量的作业活动。（　　）

4.2.2　上车作业

单项选择题：

1.（难度系数 0.9）（　　）的质量高低决定着货品的运输质量。

　　A. 复核作业　　　　B. 合流作业　　　　C. 点货作业　　　　D. 上车作业

2.（难度系数 0.9）良好的（　　）能极大地降低货品运输中的破损率。

　　A. 装车作业　　　　B. 卸车作业　　　　C. 点货作业　　　　D. 交付作业

多项选择题：

1.（难度系数 0.9）装车积载时，货品装车需要考虑的原则包括（　　）。

　　A. 车辆最大容积率原则　　　　　　B. 散发粉尘的货品不能与清洁货品混装

　　C. 渗水货品不能与易受潮货品混装　　D. 包装不同的货品应该分开装载

2. (难度系数 0.9) 装车积载时，货品装车需要考虑的原则包括（　　）。
   A. 在装车时尽量把外观相近、容易混淆的货品分开
   B. "重不压轻，大不压小"
   C. 包装承重能力差的应放在包装承重能力强的上面
   D. 散发异味的货品不能与食品混装
3. (难度系数 0.9) 装车积载时，货品装车需要考虑的原则包括（　　）。
   A. 具有尖角和其他突出物的货品应和其他货品分开装载或者用木板隔开，以免损伤其他货品
   B. 装载卷状、筒状货品，须垂直摆放，不能横放或倒放
   C. 货品与货品之间，货品与车辆之间应留有空隙并适当衬垫，防止货损
   D. 装货完毕后，在门端处采取适当的稳固措施
4. (难度系数 0.9) 出货员将出库货品搬运至指定的出货月台，并根据（　　）等，按"先卸的后装，后卸的先装"的原则排好序装货上车。
   A. 路途的远近　　　　　　　　B. 送货量
   C. 客户需求　　　　　　　　　D. 交接时间
5. (难度系数 0.9) 常用来作为数量或重量检测设备的是（　　）。
   A. 磅秤　　　B. 台秤　　　C. 卷尺　　　D. 计数器
6. (难度系数 0.9) 在作业过程中都需要用到磅秤、卷尺等检测设备的是（　　）。
   A. 人工复核　　B. 系统复核　　C. 点货作业　　D. 上车作业

判断题：

1. (难度系数 0.9) 出货员核对装车单上的配送顺序，并按照"先送先装"的基本原则制定装车顺序和装车方案。　　　　　　　　　　　　　　　　　（　　）
2. (难度系数 0.9) 装车积载时，散发异味的货品不能与食品混装。　　（　　）
3. (难度系数 0.9) 装车积载时，散发粉尘的货品不能与清洁货品混装。（　　）
4. (难度系数 0.9) 装车积载时，渗水货品不能与易受潮货品混装。　　（　　）
5. (难度系数 0.9) 装车积载时，板条箱货品可以和纸箱、袋装货品堆放在一起。　　　　　　　　　　　　　　　　　　　　　　　　　　　　　（　　）
6. (难度系数 0.9) 上车作业是根据送货作业的逆顺序进行装车的作业。（　　）

4.3　出库数据统计

应用题：

1. (难度系数 0.75) 北京物美商业集团股份有限公司向北京长风物流公司发来四张出库通知单，请问如何进行出库量的统计？四张出库通知单如表 4-1 至表 4-4。

表 4-1　　　　　　　　　　　出库通知单 1

发货库房：长风物流公司库房　　　　　　客户：北京物美商业集团股份有限公司
收货单位：物美超市（北洼路店）　　　　预计出库日期：2018-07-03
客户指令号：20180703X001

货品编码	货品名称	单位	数量
6930363000468	康师傅纯净水	箱	5
6921168509256	农夫山泉饮用天然矿泉水	瓶	1
6921317905014	康师傅冰红茶	瓶	1
6921262100540	幸福时光卷筒纸	卷	4
6922266443428	清风新升级卷筒纸	卷	2
6953631801932	斑布布质抑菌竹纸	卷	3

表 4-2　　　　　　　　　　　出库通知单 2

发货库房：长风物流公司库房　　　　　　客户：北京物美商业集团股份有限公司
收货单位：物美超市（大成东店）　　　　预计出库日期：2018-07-03
客户指令号：20180703X002

货品编码	货品名称	单位	数量
6922233631100	五月花卷筒纸	箱	3
6954767471976	冰露饮用矿泉水	瓶	2
6922255451427	百岁山天然矿泉水	瓶	3
6921168593002	农夫山泉饮用天然矿泉水	瓶	1
6903244958110	心相印（绿）	卷	4
6922868286560	心相印柔肤系列	卷	3

表 4-3　　　　　　　　　　　出库通知单 3

发货库房：长风物流公司库房　　　　　　客户：北京物美商业集团股份有限公司
收货单位：物美超市（万源店）　　　　　预计出库日期：2018-07-03
客户指令号：20180703X003

货品编码	货品名称	单位	数量
6922233631100	五月花卷筒纸	箱	6
6954767471976	冰露饮用矿泉水	瓶	1
6954767473673	纯悦饮用矿泉水	瓶	1
6903244958110	心相印（绿）	卷	3
6922868286560	心相印柔肤系列	卷	2

表 4-4　　　　　　　　　　出库通知单 4

发货库房：长风物流公司库房　　　　　　　客户：北京物美商业集团股份有限公司
收货单位：物美超市（新华东店）　　　　　预计出库日期：2018-07-03
客户指令号：20180703X004

货品编码	货品名称	单位	数量
6930363000468	康师傅纯净水	箱	5
6922255451427	百岁山天然矿泉水	瓶	3
6921168509256	农夫山泉饮用天然矿泉水	瓶	3
6921262100540	幸福时光卷筒纸	卷	1
6922266443428	清风新升级卷筒纸	卷	1
6953631801932	班布布质抑菌竹纸	卷	3

4.4　出库作业优化

应用题：

1.（难度系数 0.75）北京物美商业集团股份有限公司向北京长风物流公司发来四张出库通知单，请问如何组织出库能提高效率？四张出库通知单如表 4-5 至表 4-8。

表 4-5　　　　　　　　　　出库通知单 1

发货库房：长风物流公司库房　　　　　　　客户：北京物美商业集团股份有限公司
收货单位：物美超市（北洼路店）　　　　　预计出库日期：2018-07-03
客户指令号：20180703X001

货品编码	货品名称	单位	数量
6930363000468	康师傅纯净水	箱	5
6921168509256	农夫山泉饮用天然矿泉水	瓶	1
6921317905014	康师傅冰红茶	瓶	1
6921262100540	幸福时光卷筒纸	卷	4
6922266443428	清风新升级卷筒纸	卷	2
6953631801932	班布布质抑菌竹纸	卷	3

表 4-6　　　　　　　　出库通知单 2　　　　客户：北京物美商业集团股份有限公司
发货库房：长风物流公司库房
收货单位：物美超市（大成东店）　　　　　　预计出库日期：2018-07-03
客户指令号：20180703X002

货品编码	货品名称	单位	数量
6922233631100	五月花卷筒纸	箱	3
6954767471976	冰露饮用矿泉水	瓶	2
6922255451427	百岁山天然矿泉水	瓶	3
6921168593002	农夫山泉饮用天然矿泉水	瓶	1
6903244958110	心相印（绿）	卷	4
6922868286560	心相印柔肤系列	卷	3

表 4-7　　　　　　　　出库通知单 3　　　　客户：北京物美商业集团股份有限公司
发货库房：长风物流公司库房
收货单位：物美超市（万源店）　　　　　　　预计出库日期：2018-07-03
客户指令号：20180703X003

货品编码	货品名称	单位	数量
6922233631100	五月花卷筒纸	箱	6
6954767471976	冰露饮用矿泉水	瓶	1
6954767473673	纯悦饮用矿泉水	瓶	1
6903244958110	心相印（绿）	卷	3
6922868286560	心相印柔肤系列	卷	2

表 4-8　　　　　　　　出库通知单 4　　　　客户：北京物美商业集团股份有限公司
发货库房：长风物流公司库房
收货单位：物美超市（新华东店）　　　　　　预计出库日期：2018-07-03
客户指令号：20180703X004

货品编码	货品名称	单位	数量
6930363000468	康师傅纯净水	箱	5
6922255451427	百岁山天然矿泉水	瓶	3
6921168509256	农夫山泉饮用天然矿泉水	瓶	3
6921262100540	幸福时光卷筒纸	卷	1
6922266443428	清风新升级卷筒纸	卷	1
6953631801932	斑布布质抑菌竹纸	卷	3

4.5 出库作业小综合（一）

应用题：

1. （难度系数 0.75）

★【案例背景资料】

北京长风物流公司是一家大型的综合物流企业，主要为客户提供安全、快捷的仓运配送服务。长风物流公司在全国拥有庞大的快运网络，依托成熟的快运平台，业务范围覆盖全国大部分地区，业务涉及国内物流和国际物流。长风物流公司在北京顺义建有一个综合仓，业务涵盖国内及国际运输、仓储、市内配送等业务。

（1）库存信息。

①托盘货架区（见表4-9）。

表4-9

幸福时光卷筒纸 （20箱）	心相印（蓝） （20箱）		
B00100	B00101	B00102	B00103
维达 （15箱）	五月花卷筒纸 （20箱）	心相印（绿） （21箱）	
B00000	B00001	B00002	B00003

通　道

纯悦饮用矿泉水 （20箱）	达利园岩层矿物质水 （30箱）		
A00100	A00101	A00102	A00103
脉动维生素饮料 （30箱）		康师傅纯净水 （20箱）	乐百氏饮用矿物质水 （21箱）
A00000	A00001	A00002	A00003

②电子标签拣选区（见表4-10）。

表4-10

储位编码	货品条码	货品名称	数量	补货点	单位
A00000	6954767471976	冰露饮用矿泉水	24	3	瓶
A00001	6922255451427	百岁山天然矿泉水	24	3	瓶
A00002	6954767473673	纯悦饮用矿泉水	12	3	瓶
A00003	6921168509256	农夫山泉饮用天然矿泉水	24	3	瓶

续表

储位编码	货品条码	货品名称	数量	补货点	单位
A00004	6921168593002	农夫山泉天然矿泉水	24	3	瓶
A00005	6903244958110	心相印（绿）	2	3	卷
A00006	6922868286584	心相印茶语系列	10	3	卷
A00007	6921262100540	幸福时光卷筒纸	2	3	卷
A00008	6922868289127	心相印（蓝）	10	3	卷
A00100	6921317905014	康师傅冰红茶	14	3	瓶
A00101	6943052100110	恒大冰泉矿泉水	24	3	瓶
A00102	6932340193262	康师傅包装饮用水	24	3	瓶
A00103	6902083881405	娃哈哈饮用纯净水	24	3	瓶
A00104	6922266443428	清风新升级卷筒纸	10	3	卷
A00105	6922266452154	清风金装卷筒纸	10	3	卷
A00106	6922868286560	心相印柔肤系列	10	3	卷
A00107	6920539271648	沁新日子本色竹纤维纸	10	3	卷
A00108	6953631801932	班布布质抑菌竹纸	10	3	卷

（2）客户联系人信息。

①客户基础信息（见表4-11）。

表4-11

客户名称	联系人	电话	客户地址
北京物美商业集团股份有限公司	赵铭	01053345676	北京市海淀区大钟寺路132号

②取货地址信息（见表4-12）。

表4-12

取货单位	联系人	电话	取货地址
北京物美商业集团股份有限公司	赵铭	13655238076	北京市海淀区大钟寺路132号
长风物流公司	张才人	13975238079	北京市顺义区仁和区庄头村委会南

③客户收货人信息（见表4-13）。

表4-13

客户名称	收货人姓名	收货人单位	收货人地址	收货人电话
北京物美商业集团股份有限公司	王浩	物美超市（北洼路店）	北京市海淀区北洼路28号商住楼一层	010-78564734
北京物美商业集团股份有限公司	张君	物美超市（大成东店）	北京市朝阳区东四环中路78号大成国际中心（B2座）	010-65723842

续表

客户名称	收货人姓名	收货人单位	收货人地址	收货人电话
北京物美商业集团股份有限公司	李楠	物美超市（科大店）	北京市石景山区玉泉路15号航天部医院旁	010-87676037
北京物美商业集团股份有限公司	马杰	物美超市（万源店）	北京市大兴区物美超市（万源店）	010-68381388
北京物美商业集团股份有限公司	刘伟达	物美超市（新华东店）	北京市丰台区丰台镇新华街一里甲14号	010-63736419
长风物流公司	张才人	长风物流公司库房	北京市顺义区仁和区庄头村委会南	010-68826574

（3）已经进行货物的ABC分类表如表4-14所示。

表4-14

商品名称	出库量（箱）	累计百分数	分类
康师傅纯净水	2 643	25.52%	A
心相印（绿）	1 851	43.39%	A
维达	1 243	55.39%	A
乐百氏饮用矿物质水	1 180	66.78%	B
脉动维生素饮料	1 132	77.71%	B
五月花卷筒纸	1 038	87.73%	B
达利园岩层矿物质水	613	93.65%	C
幸福时光卷筒纸	232	95.89%	C
心相印（蓝）	219	98.00%	C
纯悦饮用矿泉水	207	100.00%	C

（4）物流作业计划——出库作业（见表4-15至表4-18）。

表4-15　　　　　　　　　　　出库通知单1

发货库房：长风物流公司库房　　　　　　　客户：北京物美商业集团股份有限公司
收货单位：物美超市（北洼路店）　　　　　预计出库日期：2018-7-03
客户指令号：20180703X001

货品编码	货品名称	单位	数量
6930363000468	康师傅纯净水	箱	5
6921168509256	农夫山泉饮用天然矿泉水	瓶	1
6921317905014	康师傅冰红茶	瓶	1
6921262100540	幸福时光卷筒纸	卷	4
6922266443428	清风新升级卷筒纸	卷	2
6953631801932	斑布布质抑菌竹纸	卷	3

表4-16　　　　　　　　　出库通知单2

发货库房：长风物流公司库房　　　　　客户：北京物美商业集团股份有限公司
收货单位：物美超市（大成东店）　　　预计出库日期：2018-07-03
客户指令号：20180703X002

货品编码	货品名称	单位	数量
6922233631100	五月花卷筒纸	箱	3
6954767471976	冰露饮用矿泉水	瓶	2
6922255451427	百岁山天然矿泉水	瓶	3
6921168593002	农夫山泉饮用天然矿泉水	瓶	1
6903244958110	心相印（绿）	卷	4
6922868286560	心相印柔肤系列	卷	3

表4-17　　　　　　　　　出库通知单3

发货库房：长风物流公司库房　　　　　客户：北京物美商业集团股份有限公司
收货单位：物美超市（万源店）　　　　预计出库日期：2018-07-03
客户指令号：20180703X003

货品编码	货品名称	单位	数量
6922233631100	五月花卷筒纸	箱	6
6954767471976	冰露饮用矿泉水	瓶	1
6954767473673	纯悦饮用矿泉水	瓶	1
6903244958110	心相印（绿）	卷	3
6922868286560	心相印柔肤系列	卷	2

表4-18　　　　　　　　　出库通知单4

发货库房：长风物流公司库房　　　　　客户：北京物美商业集团股份有限公司
收货单位：物美超市（新华东店）　　　预计出库日期：2018-07-03
客户指令号：20180703X004

货品编码	货品名称	单位	数量
6930363000468	康师傅纯净水	箱	5
6922255451427	百岁山天然矿泉水	瓶	3
6921168509256	农夫山泉饮用天然矿泉水	瓶	3
6921262100540	幸福时光卷筒纸	卷	1
6922266443428	清风新升级卷筒纸	卷	1
6953631801932	斑布布质抑菌竹纸	卷	3

★【要求】

1. 根据出库通知单，制订订单拣选计划，说明哪些订单需要进行合并，以提高作业效率。

2. 根据出库订单中客户的需求，结合各区域的库存信息，说明哪些货品需要进行补货？货品补货数量至少需要多少？（补货量的设定需要考虑补货点）

4.6 出库作业小综合（二）

应用题：

1. （难度系数 0.75）

★【案例背景资料】

上海宁海物流公司是一家大型的综合物流企业，主要为客户提供安全、快捷的物流业务服务。宁海物流公司在全国拥有庞大的物流服务网络，依托成熟的物流服务平台，业务范围覆盖全国大部分地区，业务涉及国内物流和国际物流。宁海物流公司在上海虹桥区建有一个区域物流中心，业务覆盖国内及国际运输、仓储、试配送等相关物流业务。

(1) 库存信息。

①托盘货架区（见表4-19）。

表4-19

姚生记原香味小山核桃仁（26）箱	姚生记原香味小山核桃仁（26）箱	阿里山山核桃味葵瓜子（28）箱	熊孩子冻干无花果（38）箱
C00200	C00201	C00202	C00203
益达无糖口香糖（18）箱	益达无糖口香糖（13）箱	益达无糖口香糖（18）箱	益达无糖口香糖（18）箱
C00100	C00101	C00102	C00103
嘉士利果乐果香夹心饼干（21）箱	益达无糖口香糖（18）箱		
C00000	C00001	C00002	C00003

通　道

立白柠檬去油洗洁精（22）箱	威露士倍净洗衣液（28）箱		
B00200	B00201	B00202	B00203

续表

蓝月亮洗衣液 （薰衣草香） （27）箱	浪奇除菌洗发液 （38）箱		
B00100	B00101	B00102	B00103
超能柔顺舒适 洗衣液 （21）箱	超能柔顺舒适 洗衣液 （30）箱	超能柔顺舒适 洗衣液 （11）箱	
B00000	B00001	B00002	B00003

②托盘和货架尺寸（见表4-20）。

表4-20

名称	规格要求	数量
托盘货架	横梁式 1层 2300×800×1170mm 2层 2300×800×1130mm 3层 2300×800×1120mm	若干组
托盘	标准 1200×1000×130mm 木质托盘	一批

③电子标签拣选区（见表4-21）。

表4-21

储位编码	货品条码	货品名称	数量	补货点	单位
A000000	20180Y00001	威露士倍净洗衣液	24	4	瓶
A000001	20180Y00002	碧浪洁护如新洗发液	24	3	瓶（袋）
A000002	20180Y00003	海飞丝洗发水（清爽去油性）	14	5	瓶
A000003	20180Y00004	沙宣洗发水（修护水养型）	24	3	瓶
A000004	20180Y00005	蓝月亮洗衣液（薰衣草香）	14	5	瓶
A000005	20180S00001	姚生记原香味小山核桃仁	12	4	袋
A000006	20180S00002	旺旺大米饼	10	3	袋
A000007	20180S00003	阿里山山核桃味葵瓜子	12	3	袋
A000008	20180S00004	旺旺雪饼	10	5	袋

续表

储位编码	货品条码	货品名称	数量	补货点	单位
A000100	20180Y00006	清扬男士洗发水	14	3	瓶
A000101	20180Y00007	多芬沐浴露	24	3	瓶
A000102	20180Y00008	清扬女士洗发水	24	3	瓶
A000103	20180Y00009	浪奇除菌洗发液	24	3	瓶
A000104	20180S00005	上好佳鲜虾片	10	3	袋
A000105	20180S00006	熊孩子冻干无花果	10	3	袋
A000106	20180S00007	德芙巧克力礼盒	10	4	袋
A000107	20180S00008	益达无糖口香糖	10	3	袋
A000108	20180S00009	统一100红烧牛肉面	10	3	袋

(2) 客户及取派货物联系人信息。

①客户基础信息（见表4-22）。

表4-22

客户名称	联系人	电话	客户地址
		02153341234	上海市普陀区霞光路158号

②取货地址信息（见表4-23）。

表4-23

取货单位	联系人	电话	取货地址
		02153341234	上海市普陀区霞光路158号
		13345258670	上海市杨浦区将军大道367号

③客户收货人信息（见表4-24）。

表4-24

客户名称	收货人姓名	收货人单位	收货人地址	收货人电话
			上海市静安区洪飞路98号	021-55068939
			上海市浦东新区明理路367号	021-85824841
			上海市徐汇区文澜路284号	021-49383582
			上海市普陀区梧桐路91号	021-51738317
			上海市杨浦区将军大道367号	021-90851582

(3) 已经进行货物的 ABC 分类表，如表 4-25 所示。

表 4-25　　　　　　　　　　　　ABC 分类表

序号	品名	出库量	所占比重%	累计比重%	分类结果
1	超能柔顺舒适洗衣液	2 650	25.54%	25.54%	A
2	嘉士利果乐果香夹心饼干	1 840	17.73%	43.28%	A
3	益达无糖口香糖	1 220	11.76%	55.04%	B
4	蓝月亮洗衣液（薰衣草香）	1 178	11.35%	66.39%	B
5	浪奇除菌洗发液	1 100	10.60%	76.99%	B
6	姚生记原香味小山核桃仁	1 017	9.80%	86.80%	C
7	立白柠檬去油洗洁精	610	5.88%	92.67%	C
8	阿里山山核桃味葵瓜子	270	2.60%	95.28%	C
9	熊孩子冻干无花果	250	2.41%	97.69%	C
10	威露士倍净洗衣液	240	2.31%	100.00%	C

(4) 物流作业计划信息。

①出库作业（见表 4-26 至表 4-30）。

表 4-26　　　　　　　　　　　　出库通知单 1

发货库房：宁海物流公司库房　　　　　　　客户：上海莲花超级市场发展有限公司
收货单位：联华超市（洪飞路店）　　　　　预计出库时间：2018-02-03
联系人：张扬
客户指令号：20180203X101　　　　　　　　联系人：赵四

货品编码	货品名称	单位	数量
20180Y0010	超能柔顺舒适洗衣液	箱	12

表 4-27　　　　　　　　　　　　出库通知单 2

发货库房：宁海物流公司库房　　　　　　　客户：上海莲花超级市场发展有限公司
收货单位：联华超市（明理路店）　　　　　预计出库时间：2018-02-03
联系人：张扬
客户指令号：20180203X102　　　　　　　　联系人：顾明

货品编码	货品名称	单位	数量
20180S00003	阿里山山核桃味葵瓜子	袋	1
20180S00008	益达无糖口香糖	袋	1
20180Y0010	超能柔顺舒适洗衣液	瓶	4
20180Y00009	浪奇除菌洗发液	瓶	2
20180Y00002	碧浪洁护如新洗发液	袋	3

表 4-28　　　　　　　　　　　　　　出库通知单 3

发货库房：宁海物流公司库房　　　　　　客户：上海莲花超级市场发展有限公司
收货单位：联华超市（明理路店）　　　　预计出库时间：2018-02-03
联系人：张扬
客户指令号：20180203X103　　　　　　　联系人：顾明

货品编码	货品名称	单位	数量
20180Y0010	超能柔顺舒适洗衣液	箱	3
20180S00005	上好佳鲜虾片	袋	2
20180S00006	熊孩子冻干无花果	袋	7
20180S00007	德芙巧克力礼盒	袋	1
20180S00008	益达无糖口香糖	袋	4
20180S00009	统一100红烧牛肉面	袋	3

表 4-29　　　　　　　　　　　　　　出库通知单 4

发货库房：宁海物流公司库房　　　　　　客户：上海莲花超级市场发展有限公司
收货单位：联华超市（梧桐路店）　　　　预计出库时间：2018-02-03
联系人：张扬
客户指令号：20180203X104　　　　　　　联系人：孙立人

货品编码	货品名称	单位	数量
20180S00001	姚生记原香味小山核桃仁	箱	25
20180Y00005	蓝月亮洗衣液（薰衣草香）	瓶	5
20180Y00002	碧浪洁护如新洗发液	袋	5
20180S00002	旺旺大米饼	袋	3
20180S00003	阿里山山核桃味葵瓜子	袋	2

表 4-30　　　　　　　　　　　　　　出库通知单 5

发货库房：宁海物流公司库房　　　　　　客户：上海莲花超级市场发展有限公司
收货单位：联华超市（文澜路店）　　　　预计出库时间：2018-02-03
联系人：张扬
客户指令号：20180203X105　　　　　　　联系人：胡文杰

货品编码	货品名称	单位	数量
20180Y00001	威露士倍净洗衣液	箱	5
20180Y00006	清扬男士洗发水	瓶	3
20180Y00007	多芬沐浴露	瓶	3
20180Y00008	清扬女士洗发水	瓶	1
20180Y00009	浪奇除菌洗发液	瓶	1
20180S00005	上好佳鲜虾片	袋	3

★【要求】进行以下作业任务优化：

1. 根据出库通知单，制订订单拣选计划，设计拣选单，拣选单包括，说明哪些订单需要进行合并，以提高作业效率。完成下面的内容（见表4-31、表4-32）。

表4-31　　　　　　　　　出库作业计划（根据先进先出原则）

拣选单1					
商品名称		出货货位			
序号	客户名称	拣选单位	数量	月台	备注
1					
2					
3					
4					
	合计				

表4-32

拣选单2					
商品名称		客户名称			
序号	出货货位	拣选单位	数量	月台	备注
1					
2					
3					
4					
	合计				

拣选优化说明：

2. 根据出库订单中客户的需求，结合各区域的库存信息，说明哪些货品需要进行补货？货品补货数量至少需要多少？补货量的设定需要考虑补货点。完成下面的内容（见表4-33）。

表4-33　　　　　　　　　　　　补货作业计划

源货位	目标货位	数量（箱）

3. 根据散件出货信息，制作点检单，点检单按客户制作，项目至少包括订购数量、计划出库数量、实际出库数量。完成下面的内容（见表 4-34、见表 4-35）。

表 4-34　　　　　　　　　　　　　　点检单

	收货地点　点检单 1				
序号	物品名称	单位	订购数量	计划出库量	实际出库量
1					
2					
3					

表 4-35

	收货地点　点检单 2				
序号	物品名称	单位	订购数量	计划出库量	实际出库量
1					
2					
3					

项目五　配送作业

知识点及学习要求

知识点	学习要求			
	知识要求		操作要求	
	了解	掌握	会	熟练
项目五　配送作业				
5.1　配送组织与送货				
5.1.1　配送方法与配送线路选择	√			
5.1.2　车辆调度	√			
5.2　签收和收退				
5.2.1　签收作业	√			
5.2.2　收退作业	√			
5.3　特殊品配送				
5.3.1　冷藏品配送	√			
5.3.2　体积过大、形状特殊物品的配送	√			

5.1　配送组织与送货

5.1.1　配送方法与配送线路选择

单项选择题：

1.（难度系数0.9）车辆配装时应尽量做到（　　）。

A. 轻重配装，满载满容

B. 轻重分开

C. 尽量达到车辆最大容积，可以不考虑载重量

D. 尽量达到车辆载重量，不用考虑容积

2. (难度系数 0.9) （　　）是配送工作的第一步。
   A. 配货　　　　B. 载货　　　　C. 配送　　　　D. 退货
3. (难度系数 0.9) （　　）是指将储存的货物按发货要求分拣出来，放到发货场所指定位置的作业活动的总称。
   A. 拣选作业　　B. 配货作业　　C. 载货作业　　D. 配送作业
4. (难度系数 0.9) 目前，配送方案的一个较成熟的方法是（　　）。
   A. 方案评价法　B. 数学模型法　C. 经验法　　　D. 节约里程法

多项选择题：

1. (难度系数 0.9) 合理配装是充分利用运输车辆（　　）和降低物流成本的重要手段。
   A. 空间　　　　B. 容积　　　　C. 载重量　　　D. 吨位
2. (难度系数 0.9) 不能混装在一起的货物有（　　）。
   A. 外观相近、易混淆　　　　　B. 包装不同
   C. 互相串味　　　　　　　　　D. 渗水与易受潮
3. (难度系数 0.9) 配货作业的方式可以有（　　）来完成配货作业。
   A. "单人拣取"方式　　　　　　B. "分批拣取"方式
   C. "单一拣取"方式　　　　　　D. "批量拣取"方式
4. (难度系数 0.9) 结合分区策略单一拣取有（　　）等方式。
   A. 分组　　　　B. 单人拣取　　C. 分区接力拣取　D. 分区汇总拣取
5. (难度系数 0.9) 在配送运输过程中，要始终把（　　）放在首要位置。
   A. 安全工作　　B. 质量管理　　C. 经济效益　　D. 经济效率
6. (难度系数 0.75) 配送规划目标包括（　　）。
   A. 效益最高　　B. 成本最低　　C. 路程最短　　D. 吨公里最低
7. (难度系数 0.75) 配送规划的限制条件包括（　　）。
   A. 在交通管制允许通行的时间中进行配送的限制
   B. 各配送路线的货物量不得超过车辆容积及载重量的限制
   C. 配送中心现有运力资源的限制
   D. 员工数量最大化的限制
8. (难度系数 0.75) 装车积载时，货品装车需要考虑的原则包括（　　）。
   A. 具有尖角和其他突出物的货品应和其他货品分开装载或者用木板隔开，以免损伤其他货品
   B. 装载卷状、筒状货品，须垂直摆放，不能横放或倒放
   C. 货品与货品之间、货品与车辆之间应留有空隙并适当衬垫，防止货损
   D. 装货完毕后，在门端处采取适当的稳固措施

判断题：

1. （难度系数 0.75）送货作业是指拣货作业完成后，将客户所需的货物使用汽车或其他运输工具从配送中心送至客户手中的活动。（ ）

2. （难度系数 0.75）送货作业不是配送业务的核心活动。（ ）

3. （难度系数 0.75）配送路线选择要遵循效益最高、成本最低、路程最短、吨公里最小、准时性最高、运力利用最合理、劳动消耗最低的原则。（ ）

4. （难度系数 0.75）与单一拣取相比，批量拣取将各用户的需求集中起来，有利于进行拣取路线规划，减少不必要的重复行走。（ ）

5. （难度系数 0.75）批量拣取是将数张订单按照一定的拣取方式汇总成一批，再将各订单加总起来，一起拣取处理。（ ）

6. （难度系数 0.75）实现满载满容的目的是为了避免运力浪费。（ ）

计算题：

1. （难度系数 0.6）已知配送中心 P_0 向 5 个用户 P_j 配送货物，其配送路线网络、配送中心与用户的距离以及用户之间的距离如图 5－1 所示，配送中心有 3 台 2t 卡车和 2 台 4t 两种车辆可供使用。利用节约里程法制定最优的配送方案。

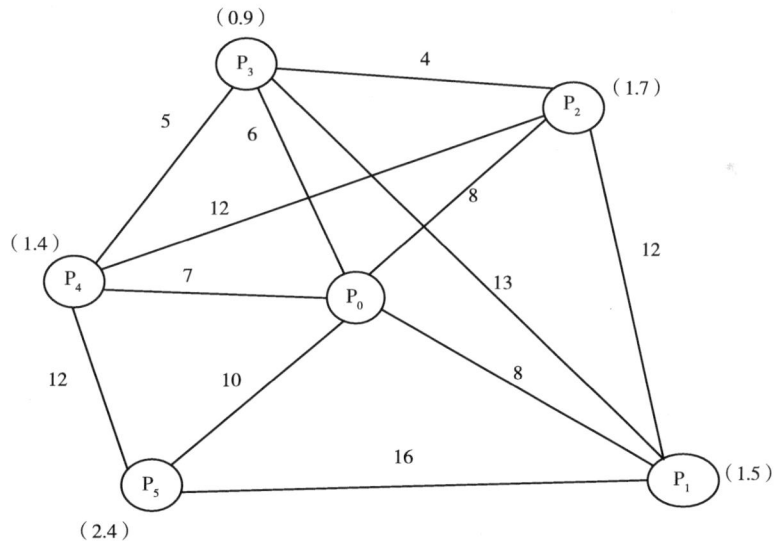

图 5－1

5.1.2 车辆调度

单项选择题：

1.（难度系数0.9）车辆调度是指挥、监控配送车辆正常运行、协调配送作业过程以实现车辆运行作业计划的重要手段。它是配送（　　）的一项重要职能。

A. 计划　　　　　B. 车辆管理　　　　C. 运输管理　　　　D. 管理

2.（难度系数0.9）为合理调度车辆的运行，可用运筹学中（　　）的方法，如最短路线法、表上作业法、图上作业法等。

A. 线性规划　　　B. 非线性规划　　　C. 整数规划　　　　D. 动态规划

3.（难度系数0.9）大型车辆能够保证较高的运输效率和较低的运输成本，体现运量的（　　）。

A. 距离经济　　　B. 规模效益　　　　C. 直接效率　　　　D. 间接效益

多项选择题：

1.（难度系数0.9）车辆调度人员的主要工作包括：（　　）

A. 编制配送车辆运行作业计划　　　　B. 现场调度
C. 进行有效监督　　　　　　　　　　D. 检查计划执行情况

2.（难度系数0.9）车辆调度的常用的方法有（　　）。

A. 图上作业法　　B. 表上作业法　　　C. 最短路程法　　　D. 随机送货法

判断题：

1.（难度系数0.75）车辆装载作业由核对车辆信息、车辆安检、装货、签单交接等作业环节组成。（　　）

2.（难度系数0.75）在车辆出仓库前做好车辆安检工作，应包括检查、复印下列证件；登记证明真实身份的联系电话。（　　）

3.（难度系数0.75）配送路线合理与否对配送速度、成本、效益影响不大。
（　　）

4.（难度系数0.75）经验判断法尽管缺乏科学性，易受掌握信息的详尽程度限制，但这种方法简单、快速、方便。（　　）

5.（难度系数0.75）车辆调度部门需要随时掌握货物状况、车况、路况、气候变化、驾驶员状况、行车安全等，确保运行作业计划顺利进行。（　　）

6.（难度系数0.75）表上作业法要求交通图上没有货物对流现象，以运行路线最短、运费最低或行程利用率最高为优化目标。（　　）

7.（难度系数0.75）货物积载时应注意"轻不压重，大不压小"，重货应放在轻货上面，小件货应放在大件货上面。（　　）

8. （难度系数0.75）装车积载时，散发异味的货品不能与食品混装。　　　（　　）

9. （难度系数0.75）出货员核对装车单上的配送顺序，并按照"先送后装"的基本原则制定装车顺序和装车方案。　　　（　　）

5.2　签收和收退

5.2.1　签收作业

单项选择题：

1. （难度系数0.75）配送车辆将货品送达客户后，客户根据订单核对货品、清点数量、检查包装和质量，经检查核对无误，在送货单上签名确认的过程被称为（　　）。
   A. 卸货作业　　　　　　　　B. 签收作业
   C. 验收作业　　　　　　　　D. 收退作业

2. （难度系数0.75）门店卸货作业流程顺序为（　　）。
   A. 车辆停靠→搬运下车→递交送货单→入店堆叠
   B. 车辆停靠→搬运下车→入店堆叠→递交送货单
   C. 车辆停靠→递交送货单→入店堆叠→搬运下车
   D. 车辆停靠→递交送货单→搬运下车→入店堆叠

多项选择题：

1. （难度系数0.75）门店卸货的主要步骤有（　　）。
   A. 车辆停靠　　B. 交单　　C. 搬运下车　　D. 入店堆叠

2. （难度系数0.75）门店清点作业主要步骤有（　　）。
   A. 清点货品　　B. 货品签收　　C. 搬运下车　　D. 入店堆叠

判断题：

1. （难度系数0.75）配送车辆到达客户场地后，可以随意停放。　　　（　　）

2. （难度系数0.75）在货物签收的交单环节中，若送货单与订单信息不一致，应拒收。　　　（　　）

3. （难度系数0.75）货物送达收货人处，按照要求，送货司机将车停放到相应位置，卸货；收货方点数验收后，在送货单上签字，签明实收情况。　　　（　　）

4. （难度系数0.75）配送人员完成配送工作将货物交到客户手中后，需要在信息系统中将签收信息返回，完成配送作业的所有流程以便以后的服务核对工作，确保工作的准确性和可查性。　　　（　　）

5.2.2 收退作业

单项选择题：

1. （难度系数0.75）经过一系列清点、核对、检查等程序，配送员将客户退货品和相关单据带回配送中心的过程被称为（　　）。
   A. 补货作业　　　　　　　　　B. 签收作业
   C. 合流作业　　　　　　　　　D. 收退作业

2. （难度系数0.75）门店收退作业流程顺序为（　　）。
   A. 检查货品→清点货品→返品上车→签收货品
   B. 清点货品→签收货品→检查货品→返品上车
   C. 检查货品→清点货品→签收货品→返品上车
   D. 签收货品→检查货品→清点货品→返品上车

多项选择题：

1. （难度系数0.75）门店退货原因包括（　　）。
   A. 临近保质期　　　　　　　　B. 货品滞销
   C. 季节性换货　　　　　　　　D. 客户间调拨

判断题：

1. （难度系数0.75）收退作业是逆向物流的一部分。　　　　　　　　　　（　　）
2. （难度系数0.75）配送作业是指经过一系列清点、核对、检查等程序，配送员将客户退货品和相关单据带回配送中心的过程。　　　　　　　　　　　　　　　　（　　）
3. （难度系数0.75）交货对点时，客户和收货人员应先对贵重货品进行对点交接以降低风险。　　　　　　　　　　　　　　　　　　　　　　　　　　　　（　　）
4. （难度系数0.75）在物流活动中，退货处理会大幅增加成本，减少企业利润，因此应尽可能地避免退货的产生。　　　　　　　　　　　　　　　　　　（　　）

5.3 特殊品配送

5.3.1 冷藏品配送

单项选择题：

1. （难度系数0.75）冷链物流是一种特殊形式的物流，其产品从生产到消费的整个流通过程中都始终处于规定的（　　）状态下。
   A. 高温　　　　B. 常温　　　　C. 低温　　　　D. 温度

2. （难度系数0.75）（   ）主要建在工矿企业或城市的大型副食店、菜市场内，供临时储存零售食品之用，其特点是库容量小、储存期短。

　　A. 批发式冷藏仓库　　　　　　　B. 直销式冷藏仓库

　　C. 零售型冷藏仓库　　　　　　　D. 食品冷藏仓库

多项选择题：

1. （难度系数0.75）按使用性质分类，可将冷藏仓库分为（   ）。

　　A. 生产型冷藏仓库　　　　　　　B. 分配型冷藏仓库

　　C. 中转型冷藏仓库　　　　　　　D. 零售型冷藏仓库

2. （难度系数0.75）冷藏仓库除霜的办法有（   ）。

　　A. 扫霜

　　B. 制冷剂加热蒸汽融霜

　　C. 水冲霜或乙二醇冲霜

　　D. 制冷剂加热蒸汽和水结合融霜

　　E. 用电热器、蒸汽加热器或温水加热器融霜

3. （难度系数0.75）标签是指在储藏品包装容器上或附于储藏品包装容器的一切附签、品牌、文字、图形、符号及其他说明物。属于标签的主要内容的有（   ）。

　　A. 食品名称　　　　　　　　　　B. 日期标志

　　C. 配料表　　　　　　　　　　　D. 净含量及固形物含量

4. （难度系数0.75）下列属于冷藏库仓管员安全作业要点的有（   ）。

　　A. 防止冻伤　　　　　　　　　　B. 防止人员缺氧窒息

　　C. 避免人员被封闭在库内　　　　D. 冷藏间内不应单独一人工作

　　E. 妥善使用设备

判断题：

1. （难度系数0.75）食品冷藏链是使易腐食品在生产、储藏、运输、配送、销售的各个环节中始终处于规定的低温环境下的链路，它是减少食品损耗、保证食品质量的一项系统工程。（   ）

2. （难度系数0.75）冷藏仓库就是以机械制冷的方式，使库内保持一定的温湿度，以储存食品、工业原料、生物制品和药品等对温湿度有特殊要求的货物的仓库。（   ）

3. （难度系数0.75）冷却物冷藏间主要用来冷藏蛋类、水果和蔬菜等食品。
（   ）

4. （难度系数0.75）冻却物冷藏间用以长期储存经过冻结的食品。（   ）

5. （难度系数0.75）工作人员进入冷藏仓库时可以使用香水。（   ）

6. （难度系数0.75）冷藏仓库工作人员要有健康的身体，应每年进行一次健康检查。（   ）

5.3.2 体积过大、形状特殊物品的配送

单项选择题：

1.（难度系数 0.75）以下关于家电家具等较大家庭用品的配送流程正确的有（　　）。

A. 进货→集货→储存→送货→送达→安装
B. 进货→储存→集货→送货→送达→安装
C. 进货→储存→送货→集货→送达→安装
D. 进货→储存→送达→集货→送货→安装

多项选择题：

1.（难度系数 0.75）关于大件商品的包装，以下说法正确的有（　　）。

A. 应避免物品在箱子里晃动
B. 应在纸箱四周及边角用塑料泡沫垫卡死
C. 顶部也应用海绵或塑料泡沫垫盖上
D. 无需特殊包装

判断题：

1.（难度系数 0.75）长条及板块形货物以裸装或捆装为主。　　　　（　　）

实训篇

项目一 旋转交错式堆码操作

【训练项目】

旋转交错式堆码操作。

【训练准备】

1. 托盘（1 000mm×1 200mm）1个；
2. 货箱（285×380×270）18个。

【项目描述】

将货物按旋转交错式堆码方式堆码在托盘上。

【项目要求】

堆码方式正确、货品不能超出托盘、禁止倒箱、堆码整齐、3分钟以内完成堆码。

【评判标准】

1. 在规定时间（2分30秒）完成记90分，完成时间每增减10秒相应扣1分或加1分；
2. 堆码不整齐每一处扣1分；
3. 堆码方式不正确扣5分；
4. 货物坠地扣10分；
5. 操作不规范扣1分；
6. 倒箱扣2分。

项目二 正反交错式堆码操作

【训练项目】

正反交错式堆码操作。

【训练准备】

1. 托盘（1 000mm×1 200mm）1个；
2. 货箱（190×370×270）30个。

【项目描述】

将货物按正反交错式堆码方式堆码在托盘上。

【项目要求】

堆码方式正确、货品不能超出托盘、禁止倒箱、堆码整齐、3分钟以内完成堆码。

【评判标准】

1. 在规定时间（3分00秒）完成记90分，完成时间每增减10秒相应扣1分或加1分；
2. 堆码不整齐每一处扣1分；
3. 堆码方式不正确扣5分；
4. 货物坠地扣10分；
5. 操作不规范扣1分；
6. 倒箱扣2分。

项目三　堆码综合操作

【训练项目】

堆码操作。

【训练准备】

1. 托盘（1 000mm×1 200mm）1个；
2. 货箱（190×370×270）30个、（285×380×270）15个。

【项目描述】

将货物自由选择堆码方式堆叠在托盘上。

【项目要求】

堆码方式正确、货品不能超出托盘、禁止倒箱、堆码整齐、3分钟以内完成堆码。

【评判标准】

1. 在规定时间（3分00秒）完成记90分，完成时间每增减10秒相应扣1分或加1分；
2. 堆码不整齐每一处扣1分；
3. 堆码方式不正确扣5分；
4. 货物坠地扣10分；
5. 操作不规范扣1分；
6. 倒箱扣2分。

项目四　入库验收操作

【训练项目】

入库验收操作。

【训练准备】

1. 托盘（1 000mm×1 200mm）2 个；
2. 货箱（190×370×270）20 个、（285×380×270）15 个，错箱、污损箱若干个；
3. RF 数据终端 1 个。

【项目描述】

将要入库的货物进行验收、找出异常货物，放置异常货物区，将其他货物选择合理的堆放方式进行堆码，正常入库。

【项目要求】

堆码方式正确、货品不能超出托盘、禁止倒箱、堆码整齐、找出干扰箱放置异常货物区、3 分钟以内完成操作。

【评判标准】

1. 在规定时间（3 分 00 秒）完成记 90 分，完成时间每增减 10 秒相应扣 1 分或加 1 分；
2. 堆码不整齐每一处扣 1 分；
3. 堆码方式不正确扣 5 分；
4. 货物坠地扣 10 分；
5. 操作不规范扣 1 分；
6. 未找出异常货物 3 分；
7. 设备未归位扣 3 分。

项目五 手动液压托盘车操作

【训练项目】

手动液压托盘车操作。

【训练准备】

1. 托盘（1 000mm×1 200mm）1 个；
2. 货箱（285×380×270）9 个；
3. 手动液压托盘车 1 辆；
4. 场地准备。

【项目描述】

操作手动液压叉车去指定区域叉取托盘完成 U 型线路训练。

【项目要求】

规范操作手动液压托盘车、操作手动液压托盘车行进时挂空挡、保持匀速，2 分 30 秒以内完成操作。

【评判标准】

1. 在规定时间（2 分 30 秒）完成记 90 分，完成时间每增减 10 秒相应扣 1 分或加 1 分；
2. 操作手动液压托盘车行进时未挂空挡扣 1 分；
3. 野蛮操作扣 5 分；
4. 货物坠地扣 10 分；
5. 操作不规范扣 1 分；
6. 设备未归位扣 3 分。

项目六　入库搬运操作

【训练项目】

入库搬运操作。

【训练准备】

1. 托盘（1 000mm×1 200mm）1个；
2. 货箱（285×380×270）9个；
3. 手动液压托盘车1辆；
4. RF数据终端1个。

【项目描述】

根据入库单把将要入库的货物进行入库，通过RF数据终端扫描货品条码找到指定货位放置，用手动液压托盘车将货物搬运到指定托盘交接区。

【项目要求】

规范操作手动液压托盘车和RF数据终端、操作手动液压托盘车行进时挂空挡、保持匀速，2分30秒以内完成操作。

【评判标准】

1. 在规定时间（2分30秒）完成记90分，完成时间每增减10秒相应扣1分或加1分；
2. 操作手动液压托盘车行进时未挂空挡扣1分；
3. 野蛮操作扣5分；
4. 货物坠地扣10分；
5. 操作不规范扣1分；
6. RF数据终端报警1分；
7. 设备未归位扣3分。

项目七　入库上架操作

【训练项目】

入库上架操作。

【训练准备】

1. 托盘（1 000mm×1 200mm）1 个；
2. 货箱（190×370×270）15 个；
3. 堆高机 1 台；
4. RF 数据终端 1 个。

【项目描述】

操作 RF 数据终端，对将要入库的货物进行条码扫描，找到入库的货位，操作堆高机进行上架。

【项目要求】

规范操作堆高机和 RF 数据终端、操作堆高机时注意踩刹车、操作 RF 数据终端扫条码时注意保持水平，3 分钟以内完成操作。

【评判标准】

1. 在规定时间（3 分 00 秒）完成记 90 分，完成时间每增减 10 秒相应扣 1 分或加 1 分；
2. 操作堆高机禁止状态时未踩刹车扣 1 分；
3. 野蛮操作扣 5 分；
4. 货物坠地扣 10 分；
5. 操作不规范扣 1 分；
6. RF 数据终端报警 1 分；
7. 设备未归位扣 3 分。

项目八　入库作业综合操作

【训练项目】

入库作业综合操作。

【训练准备】

1. 托盘（1 000mm×1 200mm）2个；
2. 货箱（190×370×270）20个、（285×380×270）15个错箱、污损箱；
3. 手动液压托盘车1辆；
4. 堆高机1台；
5. RF数据终端1个。

【项目描述】

每三位同学为一个团体共同完成，其中包括了入库验收、入库搬运、入库上架，每位同学负责一部分，按要求完成综合流程。

【项目要求】

规范操作手动液压托盘车、RF数据终端、堆高机、操作手动液压托盘车行进时挂空挡、操作堆高机禁止时注意踩刹车、操作RF数据终端扫条码时注意保持水平、6分钟以内完成操作。

【评判标准】

1. 在规定时间（6分00秒）完成记90分，完成时间每增减10秒相应扣1分或加1分；
2. 操作堆高机禁止状态时未踩刹车扣1分；
3. 野蛮操作扣5分；
4. 货物坠地扣10分；
5. 操作不规范扣1分；
6. RF数据终端报警1分；
7. 操作手动液压托盘车行进时未挂空挡；
8. 设备未归位扣3分。

项目九　移库作业操作

【训练项目】

移库作业操作。

【训练准备】

1. 托盘（1 000mm×1 200mm）2 个；
2. 货箱（285×380×270）18 个；
3. 堆高机 1 台。
4. RF 数据终端 1 个。

【项目描述】

根据 ABC 分类的原则操作堆高机对货架上的货品进行货位调整的移动，使货架上的货物满足 ABC 分类的条件。

【项目要求】

规范操作堆高机和 RF 数据终端、操作堆高机禁止时注意踩刹车、操作 RF 数据终端扫条码时注意保持水平、3 分钟以内完成操作。

【评判标准】

1. 在规定时间（3 分 00 秒）完成记 90 分，完成时间每增减 10 秒相应扣 1 分或加 1 分；
2. 操作堆高机禁止状态时未踩刹车扣 1 分；
3. 野蛮操作扣 5 分；
4. 货物坠地扣 10 分；
5. 操作不规范扣 1 分；
6. RF 数据终端报警 1 分；
7. 撞货架扣 5 分；
8. 撞托盘扣 5 分；
9. 压实线扣 3 分；
10. 设备未归位扣 3 分。

项目十　盘点作业操作

【训练项目】

盘点作业操作。

【训练准备】

1. 周转箱 12 个；
2. 饮料瓶 60 个；
3. RF 数据终端 1 个；
4. 准备盘点单。

【项目描述】

根据盘点单（或根据 RF 数据终端上的盘点单）对电子货架区上周转箱内的水瓶库存进行盘点。

【项目要求】

规范操作 RF 数据终端、操作 RF 数据终端扫条码时注意保持水平、拣选货物时遵循从右往左从上到下轻拿轻放的原则、3 分钟以内完成操作。

【评判标准】

1. 在规定时间（3 分 00 秒）完成记 90 分，完成时间每增减 10 秒相应扣 1 分或加 1 分；
2. 饮料瓶坠地扣 10 分；
3. 操作不规范扣 1 分；
4. RF 数据终端报警 1 分；
5. 野蛮操作扣 5 分；
6. 设备未归位扣 3 分。

项目十一　整托出库作业操作

【训练项目】

整托出库作业操作。

【训练准备】

1. 托盘（1 000mm×1 200mm）个；
2. 货箱（285×380×270）18 个；
3. 堆高机 1 台；
4. RF 数据终端 1 个；
5. 手动液压托盘车 1 辆；
6. 准备出库单数份。

【项目描述】

根据出库单（或 RF 数据终端上的出库单）对仓库货架上的指定整托货物进行操作，用堆高机将出库托盘货物下架，放置到托盘交接区，操作手动液压托盘车运送至发货区。

【项目要求】

规范操作堆高机和 RF 数据终端、操作堆高机时注意上下货物时踩刹车、操作 RF 数据终端扫条码时注意保持水平、3 分钟以内完成操作。

【评判标准】

1. 在规定时间（3 分 00 秒）完成记 90 分，完成时间每增减 10 秒相应扣 1 分或加 1 分；
2. 操作堆高机禁止状态时未踩刹车扣 1 分；
3. 野蛮操作扣 5 分；
4. 货物坠地扣 10 分；

5. 操作不规范扣 1 分；
6. RF 数据终端报警 1 分；
7. 撞货架扣 5 分；
8. 撞托盘扣 5 分；
9. 压实线扣 3 分；
10. 设备未归位扣 3 分。

项目十二　拆零出库作业操作

【训练项目】

拆零出库作业操作。

【训练准备】

1. 周转箱 12 个；
2. 饮料瓶 60 个；
3. 手推车 1 辆；
4. RF 数据终端 1 个；
5. 准备出库单数份。

【项目描述】

根据出库单（或 RF 数据终端上的出库单）对电子货架区周转箱内的对应的货品进行拣选，将出库货物放入指定周转箱内，操作手推车运送至发货区。

【项目要求】

规范操作 RF 数据终端、操作 RF 数据终端扫条码时注意保持水平，拣选货物时遵循从右往左从上到下轻拿轻放的原则，4 分钟以内完成操作。

【评判标准】

1. 在规定时间（4 分 00 秒）完成记 90 分，完成时间每增减 10 秒相应扣 1 分或加 1 分；
2. 操作堆高机禁止状态时未踩刹车扣 1 分；
3. 野蛮操作扣 5 分；
4. 货物坠地扣 10 分；
5. 操作不规范扣 1 分；
6. RF 数据终端报警 1 分；
7. 压实线扣 3 分；
8. 设备未归位扣 3 分。

项目十三　箱件出库作业操作

【训练项目】

箱件出库作业操作。

【训练准备】

1. 托盘（1 000mm×1 200mm）1 个；
2. 货箱（190×370×270）15 个；
3. 堆高机 1 台；
4. RF 数据终端 1 个；
5. 手动液压托盘车 1 辆；
6. 准备出库单数份。

【项目描述】

根据出库单（或 RF 数据终端上的出库单）对仓库货架上的指定箱件货物操作堆高机下架，并将其放置托盘交接区，操作手动液压托盘车运送至发货区，将需要出库的货物取出放在发货区指定位置，然后将剩余的货物放回原货位。

【项目要求】

规范操作堆高机和 RF 数据终端、操作堆高机时注意踩刹车、操作 RF 数据终端扫条码时注意保持水平、4 分钟以内完成操作。

【评判标准】

1. 在规定时间（4 分 00 秒）完成记 90 分，完成时间每增减 10 秒相应扣 1 分或加 1 分；
2. 操作堆高机禁止状态时未踩刹车扣 1 分；
3. 野蛮操作扣 5 分；
4. 货物坠地扣 10 分；

5. 操作不规范扣 1 分；

6. RF 数据终端报警 1 分；

7. 撞货架扣 5 分；

8. 撞托盘扣 5 分；

9. 压实线扣 3 分；

10. 设备未归位扣 3 分。

项目十四　出库作业综合操作

【训练项目】

出库作业综合操作。

【训练准备】

1. 托盘（1 000mm×1 200mm）3 个；
2. 货箱（190×370×270）15 个、(285×380×270) 18 个；
3. 堆高机、手推车各 1 辆；
4. RF 数据终端 1 个；
5. 手动液压托盘车 1 辆；
6. 周转箱 12 个；
7. 饮料瓶 60 个。

【项目描述】

每三位同学为一个团体共同完成，按要求完成综合流程。

【项目要求】

规范操作堆高机和 RF 数据终端、操作堆高机时注意踩刹车、操作 RF 数据终端扫条码时注意保持水平、拣选货物时遵循从右往左从上到下轻拿轻放的原则，10 分钟以内完成操作。

【评判标准】

1. 在规定时间（10 分 00 秒）完成记 90 分，完成时间每增减 10 秒相应扣 1 分或加 1 分；
2. 操作堆高机禁止状态时未踩刹车扣 1 分；
3. 野蛮操作扣 5 分；
4. 货物坠地扣 10 分；

5. 操作不规范扣 1 分；
6. RF 数据终端报警 1 分；
7. 撞货架扣 5 分；
8. 撞托盘扣 5 分；
9. 压实线 3 分；
10. 设备未归位扣 3 分。